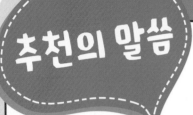
추천의 말씀

좋은 책이 출판되었다. 반갑다. 교사로서 학생들을 가르치는데 이런 책이 필요하다는 생각을 예전부터 해 왔었다. 한자 어휘를 모르고 과학 개념을 외우기 중심으로 공부해 온 초등학생들에게 큰 도움이 될 것이다.

교과서 한자 어휘 익히기뿐만 아니라, 여러 출판사의 검인정 교과서 분석을 통해 공통적인 핵심 내용을 잘 정리해 준 책이다. 또 교과서 내용 알아보기에 그치지 않고 평가 문항을 통한 확인 과정까지 이어지는 짜임이 잘 된 책이다.

강 옥 초등학교 교장(인천광역시)

여러 가지 한계와 사정으로 학교에서 다루기 힘든 교과서 한자 지도를, 학생들이 자기 주도적으로 잘할 수 있게 구성된 매우 의미 있는 책입니다. 학생과 학부모에게 이 책으로 공부해 보길 적극 추천합니다.

김영숙 초등학교 학부모(서울특별시)

오래전부터 학생들의 어휘력 부족 문제가 우리 사회의 큰 관심거리가 되었다. 한자를 배워 본 적이 없는 학생들에게 과학 개념과 관련된 어휘는 큰 산이 되었다. 이 책을 통해 초등 과학 교과서에 나오는 개념 관련 어휘의 산을 쉽게 넘을 수 있게 될 것이다.

김복현 초등학교 교장(광주광역시)

꼭 필요한 좋은 책을 만들어 준 필자에게 감사드린다. 책꽂이에 두고 교과서 진도에 맞추어 한 단원씩 공부해 나가기 참 좋은 책이다. 특히 한자를 익히는 것에 중심을 두지 않고 동화책처럼 여러 번 반복에서 읽는 것만으로도 큰 학습효과가 있겠다.

배유리 초등학생 학부모(충청남도)

수학에서 이등(二等)변 삼각(三角)형을 가르칠 때 '이등변은 똑같은 변이 2개고, 삼각형은 각이 세 개다.'의 형태로 가르쳐서 효과를 본 기억이 있다. 초등학생이 한자 어휘를 먼저 알고 공부하는 방법은 확실히 효과적이다.

고성용 초등학교 교사(전라남도)

한자 어휘 학습으로 개념 익히기

쓱쓱

한쓱 과학

4학년

초판 인쇄일 2024년 2월 20일
초판 발행일 2024년 2월 29일

지은이 박병진
발행인 김영숙
신고번호 제2022-000078호
발행처 ㈜북장단
주소 (10881) 경기도 파주시 회동길 445-4(문발동 638) 408호
전화 031)955-9221~5   팩스 031)955-9220
인스타그램 @ddbeatbooks   메일 ddbeatbooks@gmail.com

기획·진행 북장단편집부
디자인 김보리
영업마케팅 김준범, 서지영
ISBN 979-11-983182-5-1
정가 13,000원

* 북장단은 도서출판 혜지원의 임프린트입니다. 북장단은 소중한 원고의 투고를 항상 기다리고 있습니다.

1. 제조자   북장단
2. 주소   경기도 파주시 회동길 445-4 408호
3. 전화번호   031-955-9224
4. 제조년월   2024년 2월 20일
5. 제조국   대한민국
6. 사용연령   8세 이상

사용상 주의사항
• 종이에 긁히거나 손이 베이지 않도록 주의하세요.
• 제품을 입에 넣거나 빨지 않도록 주의하세요.
• KC마크는 이 제품이 공통안전기준에 적합하였음을
  의미합니다.

한자 어휘 학습으로 쏙쏙 개념 익히기

한쏙 과학

박병진 지음

4학년

북장단

머리말

　수업을 오랫동안 한 선생님들은 '이렇게 가르치면 학생들이 쉽게 이해한다'라는 노하우가 생깁니다. 저 역시 초등학교 과학 교사로서 수십 년 동안 아이들을 가르치며 얻은 노하우가 있습니다. 바로 '아이들에게 단어의 한자를 함께 가르치면 과학적 개념을 아주 쉽게 이해한다'라는 것입니다.

　초등학교 4학년 과학 교과서를 보면 많은 한자 어휘가 등장합니다. 그중 1학기 첫 번째 단원에는 '퇴적암', '역암', '사암', '이암'과 같은 어휘가 등장합니다. 이 단어를 본 아이들은 대부분 많은 어려움을 겪습니다. 각각의 암석의 특징을 익혀야 하는데, 이럴 때 한자를 같이 가르치면 어떨까요?

　'역암(礫巖)'에서 역(礫)은 '조약돌 역'이고 암(巖)은 '바위 암'입니다. 두 한자의 뜻을 합치면 '조약돌로 이루어진 바위나 암석'이 됩니다. 이것이 즉 역암의 특징입니다. 한자의 뜻만 제대로 알면 한자가 결합되어 만들어진 단어의 뜻을 자연스럽게 알 수 있습니다.
　마찬가지로 '사암(沙巖)'에서 사(沙)는 '모래 사'이고, '이암(泥巖)'에서 이(泥)는 '진흙 이'라는 사실을 알면 각각의 암석의 특징을 잘 구분할 수 있습니다.

　아이들은 '지표'니 '침식'이니, '운반'이니 '퇴적'이니, '물체'니 '물질'이니 하는 말들을 잘 이해하지 못합니다. 처음 듣기도 했고, 한자를 같이 익히면서 뜻을 이해하지 않고 단순 암기만 하기 때문이죠. 하지만 한자를 같이 익히면 뜻풀이를 통해 문해력을 키울 수 있고, 과학

적 개념을 보다 쉽게 이해할 수도 있습니다. 자연스럽게 어휘력은 풍부해지고 과학적 상상력은 커집니다.

한자 뜻풀이를 이용한 과학 개념 학습에 관심을 두면서, 이와 유사한 학습지를 모두 찾아보았습니다. 거의 모든 책들에 큰 한계가 있었습니다. 한자를 다루고 있어도 단순히 한자를 익히는 정도에 그치고 있었습니다. 그래서 이 책을 쓰게 되었습니다.

이 책을 통해 아이들은 한자를 익히며 교과서 과학 공부를 재미있게 하게 될 것입니다. 또한 학습한 지식을 문제를 통해 복습하면서 자기 것으로 만들 수 있을 것입니다. 책을 보는 아이들이 어휘력과 상상력을 키워 훌륭한 인재로 자라나길 바랍니다.

저자 박병진

이 책의 구성

이 책은 **과학** 교과서의 **한자어**를 쉽게 익힐 수 있도록 구성되어 있어요!

1

초등학생이 꼭 알아야 할 교과 연계 필수 과학 용어를 매일 하나씩 배울 수 있어요.

2

과학 용어를 개념부터 어휘까지 일상 속 상황을 통해 친밀하게 만나 보아요.

3

앞에서 배운 용어를 각 한자마다 뜻(훈)과 소리(음)를 알고 전체적인 뜻을 배워요.

4

한자의 뜻과 소리를 입으로 말해 보면서 모양을 익혀요.

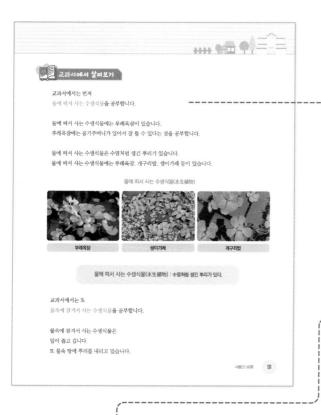

5

앞에서 배운 한자를 교과서 속에서 찾아보면서 전체적인 맥락을 이해할 수 있어요.

6

각 단원이 끝날 때마다, 배웠던 용어의 뜻을 잘 기억하고 있는지 문제 풀이로 복습할 수 있어요.

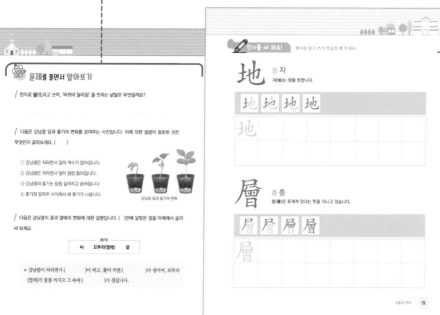

7

앞에서 배웠던 한자를 또박또박 따라 쓰면서 집중력도 높이고 한자를 바르게 쓰는 연습을 할 수 있어요.

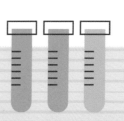

목차

1학기

① 지층과 화석

② 식물의 한살이

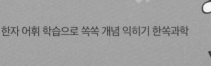

일러두기

- 초등학교 4학년 1학기, 2학기 교과서에 등장하는 어휘를 수집해 그 안에서 가장 자주 등장하는 단어를 선별하였습니다.
- 국립국어원의 표준 국어대사전 뜻풀이를 기본으로 하되 초등학생의 눈높이에 맞게 보다 쉽게 풀어썼습니다.

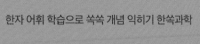

박 남 기 광주교육대학교 교육학과 교수 (전 총장)

초등학생 아이가 과학 평가 시험에서 다음과 같은 문제를 만났다고 보겠습니다.

> ※ 다음 중 표면이 부드럽고 알갱이의 크기가 가장 작은 암석은 무엇일까요?
>
> ① 화성암   ② 역암   ③ 사암   ④ 이암

어른들도 한자 어휘를 잘 모르는 경우 쉽게 풀기 힘든 문제입니다. 이 문제를 풀기 위해 아이들이 의존하는 것은 기억력뿐입니다. 보통의 공부 방식은 단순히 암기에 치중되어 있기 때문입니다. 그럼 같은 문제의 지문과 선택지가 이렇게 바뀌면 어떻게 될까요?

> ※ 다음 중 표면이 부드럽고 알갱이의 크기가 가장 작은 암석은 무엇일까요?
>
> ① 화산폭발로 만들어진 암석   ② 조약돌로 만들어진 암석
>
> ③ 모래가 모여 만들어진 암석   ④ 진흙으로 만들어진 암석

이런 경우 아이들은 '진흙'에서 크기가 작고 부드러운 특징을 쉽게 생각해 낼 수 있을 것입니다. 두 번째 문제는 이암(泥巖)의 '이'는 '진흙 이'이고, 사암(沙巖)에서 '사'는 '모래 사'이며, 역암(礫巖)의 '역'은 '조약돌 역'이라는 것을 이해한 경우, 머릿속에서 만들어 낼 수 있는 선택지입니다.

같은 문제를 대하면서 두 번째 문제와 같이 머릿속의 선택지를 만들 수 있게 하는 힘은 바로 한자 어휘력입니다.

요즘 젊은이들의 어휘력이 부족하고 문해력이 낮은 이유 중 하나는 우리 단어를 영어 단어 외우듯이 무조건 암기하고 있기 때문입니다. 우리의 뇌는 이해하지 못한 채 무조건 외우는 일은 잘하지 못합니다. 이해하면 쉽게 외울 수 있고, 활용도 할 수 있습니다.

단어의 뜻을 쉽게 이해할 수 있도록 돕는 하나의 방법이 단어를 이루고 있는 한자를 가르쳐주는 것입니다. 단어에 들어 있는 한자를 추출하여 그 뜻을 알려 주고, 같은 한자로 이뤄진 유사어들을 함께 가르치면 어휘력은 폭발적으로 성장합니다. 이것이 문해력을 높이는 지름길입니다.

그 지름길을 알려 주는 이 책을 초등학교에서 과학을 공부하는 학생들과 학부모님들에게 꼭 권하고 싶습니다.

巖 化 地

1-1	지층(地層)
1-2	퇴적물(堆積物), 퇴적암(堆積巖)
1-3	역암(礫巖), 사암(沙巖), 이암(泥巖)
1-4	화석(化石)

積 沙

1

지층과 화석

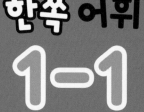
 4학년 1학기

지층
地層

 무슨 뜻인가요?

우리 집은 몇 층인가요?

1층에 사는 사람도 있고
10층에 사는 사람들도 있습니다.

아래의 버스와 학교는 몇 층인가요?
왼쪽은 2층 버스고 오른쪽 학교는 4층입니다.

2층 버스

4층 학교

하나씩 하나씩 포개져 있는 것을 한자로 층(層)이라고 합니다.

아래의 케이크는 2개가 포개져 있습니다.

그래서 2층 케이크라 할 수 있습니다.

2층 케이크

빵 두 개가 포개져 있어
2층 케이크라 할 수 있다.

어디선가 땅에 층이 있는 것을 본 적이 있나요?

층이 있는 땅의 모습

 한자로 배워 봐요!

지층(地層)에서

지(地)는 '땅 지'입니다.

층(層)은 포개져 있다는 뜻으로 '층 층'입니다.

한자로 지층(地層)은 <u>층이 있는 땅</u>이라는 뜻입니다.

지층(地層)을 한자로 쓰고 소리를 내어 읽어 봅시다.

뜻	소리		뜻	소리
땅	**지**		층	**층**

교과서에서 살펴보기

교과서에서는 먼저 지층(地層)은 두께와 모양 그리고 색깔이 여러 가지라는 것을 공부합니다.

또 지층(地層)은 수평인 지층도 있지만 휘어진 지층도 있고, 기울어지거나 끊어진 지층이 있다는 것을 공부합니다.

휘어진 지층

수평인 지층

끊어진 지층

그리고 지층(地層)이 어떻게 만들어졌는지

우리가 그 지층을 어떻게 볼 수 있게 되었는지를 공부합니다.

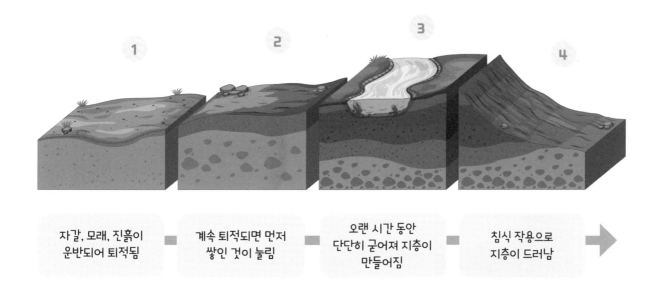

자갈, 모래, 진흙이
운반되어 퇴적됨

계속 퇴적되면 먼저
쌓인 것이 눌림

오랜 시간 동안
단단히 굳어져 지층이
만들어짐

침식 작용으로
지층이 드러남

 문제를 풀면서 **알아보기**

다음 □ 안에 알맞은 말을 써 보세요.

> ○ 한자로 **地層**이라고 씁니다.
>
> ○ 자갈, 모래, 진흙 등이 오랜 시간 동안 쌓여 단단히 굳어진 것
>   을 말합니다.

아래의 글과 그림은 지층이 만들어지고 또 우리가 볼 수 있게 되는 과정을 나타낸 것입니다. 알맞은 순서를 찾아 □ 안에 숫자로 써 보세요.

자갈, 모래, 진흙이
운반되어 퇴적됨

침식 작용으로
지층이 드러남

계속 퇴적되면 먼저
쌓인 것이 눌리고
굳어짐

한자를 읽고 쓰기 연습을 해 보세요.

地  땅 지

지(地)는 땅을 뜻합니다.

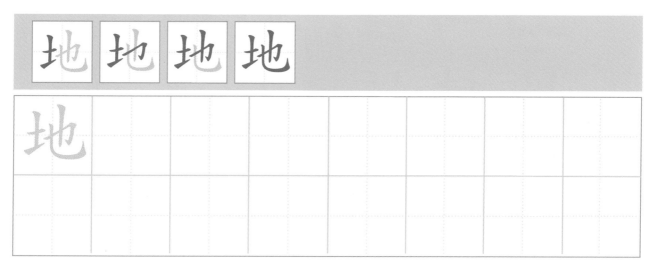

地	地	地	地				
地							

層 층 층

층(層)은 포개져 있다는 뜻을 지니고 있습니다.

層	層	層	層				
層							

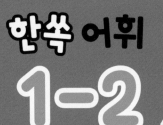

퇴적물, 퇴적암
堆積物, 堆積巖

 무슨 뜻인가요?

3학년 때 퇴적 작용을 공부했습니다.
기억하시나요?

堆	積
쌓을 퇴	쌓을 적

흐르는 물이 흙을 침식하고 운반해서 하류에 쌓는다고 했습니다.
하류에 쌓인 물질을 퇴적물이라고 합니다.

그러므로 퇴적물은 자갈, 모래, 진흙 등이 물이나 바람에 의해 부서지고 운반되어 쌓인 것을 말합니다.

퇴적물(堆積物) : 자갈, 모래, 진흙 등이 운반되어 쌓인 것

강의 하류나 바다에 퇴적물이 쌓입니다.

그 위에 또 다른 퇴적물이 쌓입니다.
그 위에 또 다른 퇴적물이 쌓입니다.

그러면 지층이 만들어지겠죠?

그 위에 또 다른 퇴적물이 쌓입니다.
그 위에 또 다른 퇴적물이 쌓입니다.

지표면

새로 생긴 지층들

압력

온도가 높아진다

오래된 지층

오래된 지층이
퇴적암이 되는 모습

아주 오랜 시간 동안 퇴적물이 계속 쌓이면
아래의 퇴적물은 매우 큰 힘에 눌려서 점점 딱딱하게 굳어집니다.

그 위로 또 계속 퇴적물이 쌓이면 아래의 지층은 점점 더 딱딱하게 굳어져서 암석이 됩니다.

퇴적물이 계속 쌓인 후 오랜 시간이 지나면 단단하게 굳어져 암석이 되는데
이 암석을 퇴적암이라고 합니다.

**퇴적암(堆積巖) : 퇴적물이 쌓인 후 오랜 시간이 지나면서
굳어져 단단한 암석이 된 것**

 한자로 배워 봐요!

퇴적(堆積)에서
퇴(堆)는 쌓는다는 뜻으로 '쌓을 퇴'로 읽고
적(積)도 쌓는다는 뜻으로 '쌓을 적'으로 읽습니다.

한자로 퇴적(堆積)은 쌓는다는 뜻입니다.

바위를 나타내는 한자는 무엇일까요?
바위를 나타내는 한자는 암(巖)입니다.

암(巖)은 바위를 뜻하며 '바위 암'입니다.

4학년 과학에서는 이 바위 암(巖) 한자가 아주 많이 나옵니다.
지금 공부하고 있는 퇴적암에도 암(巖)이 있죠?
또 역암, 사암, 이암을 공부하는데 모두 한자 암(巖)이 있습니다.

2학기에는
화성암, 현무암, 화강암을 공부하는데 모두 암(巖)이 들어 있어요.
암(巖)이 들어 있으면 모두 바위를 떠올리면 됩니다.

암(巖)을 한자로 쓰고 소리를 내어 읽어 봅시다.

巖

뜻   소리

바위   **암**

교과서에서 살펴보기

교과서에서는 퇴적암이 만들어지는 과정을 모형실험을 통해 공부합니다.

모형실험은 먼저 자갈과 모래, 진흙을 컵에 넣고 목공용 풀을 섞은 후 위에서 다른 컵으로 꼭 눌러 준 후 관찰합니다. 목공용 풀 대신에 석고 가루와 물을 사용하기도 합니다.

이러한 실험을 통해 퇴적물들이 눌려 자갈과 모래, 진흙 알갱이들이 엉겨 붙는 과정을 알아봅니다. 물론 이 실험은 모형실험입니다.

1	2	3	4
종이컵에 모래와 목공용 풀을 넣는다.	잘 섞어 준다.	다른 컵으로 눌러 준다.	하루가 지난 후 꺼내서 관찰한다.

문제를 풀면서 알아보기

✎ 퇴적물이 쌓인 후 오랜 시간이 지나면 굳어져 단단한 암석이 됩니다. 이 암석을 무엇이라고 하는지 써보세요.

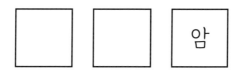

다음은 퇴적암이 만들어지는 과정을 설명한 글입니다. □ 안에 알맞은 순서를 숫자로 써 보세요.

○ 물에 의해 자갈, 모래, 진흙이 운반된다.

○ 운반된 자갈, 모래, 진흙이 강이나 바다의 바닥에 쌓인다.

○ 먼저 쌓인 퇴적물 위에 또 새로운 퇴적물이 또 쌓인다.

○ 먼저 쌓인 퇴적물은 위에 쌓인 퇴적물이 누르는 힘 때문에 알갱이 사이 공간이 줄고 서로 붙어 단단한 퇴적암이 된다.

堆 쌓을 **퇴**

퇴(堆)는 쌓는다는 뜻을 지니고 있습니다.

堆	堆	堆	堆			
堆						

積 쌓을 **적**

적(積)도 쌓는다는 뜻을 지니고 있습니다.

積	積	積	積			
積						

4학년 1학기

역암, 사암, 이암
礫巖, 沙巖, 泥巖

 무슨 뜻인가요?

앞에서 퇴적암에 대해 공부했죠?

퇴적암에는 역암과 사암 그리고 이암이 있습니다.
지금부터 퇴적암의 3가지 종류에 대해 알아봅시다.

먼저 사암에 대해서 알아보겠습니다.

앞의 1-2에서 퇴적암이 만들어지는 과정을 모형실험으로 공부했습니다.
모형실험을 할 때 종이컵에 목공용 풀과 함께 무엇을 넣었죠?
네, 모래를 넣었습니다.

종이컵에 모래와 목공용
풀을 넣는 실험에서 모래
는 한자로 沙(사)라 쓰고
'모래 사'라고 읽습니다.

이렇게 만들어진 모형 암석은 사암(沙巖) 모형입니다.
왜냐하면 사암(沙巖)에서 사(沙)가 모래를 뜻하는 '모래 사'이기
때문입니다.

사막에서의 '사'도 모래 사(沙)고, 모래사장에서의 '사'도 모래 사(沙)입니다.

다음은 역암(礫巖)에 대해 알아볼까요.
역암(礫巖)에서 역(礫)은 한자로 조약돌(자갈)이라는 뜻입니다.

마지막으로 이암(泥巖)에 대해 알아봅시다.
이암(泥巖)에서 이(泥)는 한자로 진흙을 말합니다.

모래 사   조약돌 역   진흙 이

 한자로 배워 봐요!

1. 사암

사암(沙巖)에서
사(沙)는 모래를 뜻하며 '모래 사'입니다.
암(巖)은 바위를 뜻하며 '바위 암'입니다.
그러므로 사암(沙巖)은 주로 모래가 굳어진 암석입니다.

> 한자로 사암(沙巖)은 주로 모래가 굳어진 암석입니다.

사암(沙巖)을 한자로 쓰고 소리를 내어 읽어 봅시다.

뜻	소리	뜻	소리
모래	**사**	바위	**암**

2. 역암

역암(礫巖)에서
역(礫)은 자갈을 뜻하며 '조약돌 역'입니다.
암(巖)은 바위를 뜻하며 '바위 암'입니다.
그러므로 역암(礫巖)은 주로 자갈이 굳어진 암석입니다.

한자로 역암(礫巖)은 주로 자갈이 굳어진 암석입니다.

역암(礫巖)을 한자로 쓰고 소리를 내어 읽어 봅시다.

3. 이암

이암(泥巖)에서
이(泥)는 진흙을 뜻하며 '진흙 이'입니다.
암(巖)은 바위를 뜻하며 '바위 암'입니다.
그러므로 이암(泥巖)은 주로 진흙이 굳어진 암석입니다.

한자로 이암(泥巖)은 주로 진흙이 굳어진 암석입니다.

이암(泥巖)을 한자로 쓰고 소리를 내어 읽어 봅시다.

뜻 소리   뜻 소리
진흙 **이**   바위 **암**

교과서에서 살펴보기

교과서에서는 여러 가지 퇴적암을, 알갱이의 크기에 따라 분류하는 공부를 합니다.

퇴적암의 3가지 종류인 역암과 사암, 이암 중에서
알갱이의 크기가 가장 큰 것은 역암이고, 가장 작은 것은 이암입니다.

역암, 사암, 이암의 알갱이 크기 비교

역암   사암   이암

또 퇴적암인 역암과 사암, 이암 중에서 표면이 가장 부드러운 것은 이암입니다.

이암(泥巖)에서
'이'는 '진흙 이'이고, 주로 진흙으로 만들어진 암석이라고 했습니다.
그러므로 알갱이의 크기가 가장 작고 매우 부드럽습니다.

이암(泥巖 : 진흙 암석)

이암(泥巖)
진흙이 굳어져 만들어진 암석으로
알갱이의 크기가 가장 작다.
또 매우 부드럽다.

사암(沙巖)에서
'사'는 '모래 사'이고, 주로 모래로 만들어진 암석이라고 했습니다.
그러므로 이암보다는 알갱이의 크기가 크고, 까슬까슬한 느낌입니다.

사암(沙巖 : 모래 암석)

사암(沙巖)
모래가 굳어져 만들어진 암석으로
알갱이의 크기가 이암보다는 크다.
또 까슬까슬한 느낌이다.

역암(礫巖)에서
'역'은 '조약돌 역'이고, 주로 자갈과 모래로 이루어진 암석이라고 했습니다.
그래서 알갱이가 가장 큽니다.

역암(礫巖 : 자갈 암석)

역암(礫巖)
주로 자갈과 모래가 굳어져 만들어진
암석으로 알갱이의 크기가 가장 크다.

 문제를 풀면서 알아보기

✎ 다음 중에서 서로 관련된 것들끼리 줄을 이어 보세요.

역암 •   • 모래

사암 •   • 礫巖

泥 •   • 진흙

✎ 다음 □ 안에 알맞은 말을 써보세요.

○ 한자로 **礫巖**이라고 쓰며 주로 자갈과 모래가 굳어져 만들어진 퇴적암은?	□ □
○ 한자로 **沙巖**이라고 쓰며 주로 모래가 굳어져 만들어진 퇴적암은?	□ □
○ 한자로 **泥巖**이라고 쓰며 표면이 가장 부드러운 퇴적암은?	□ □

  한자를 읽고 쓰기 연습을 해 보세요.

沙 모래 사

사(沙)는 모래를 뜻합니다.

沙	沙	沙				
沙						

巖 바위 암

암(巖)은 바위를 뜻합니다.

巖	巖	巖	巖	巖		
巖						

礫

조약돌 역

역(礫)은 자갈을 뜻합니다.

礫	礫	礫	礫	礫				
礫								

巖

바위 암

암(巖)은 바위를 뜻합니다.

巖	巖	巖	巖	巖				
巖								

泥

진흙 **이**

이(泥)는 진흙을 뜻합니다.

泥	泥	泥					
泥							

巖

바위 **암**

암(巖)은 바위를 뜻합니다.

巖	巖	巖	巖	巖
巖				

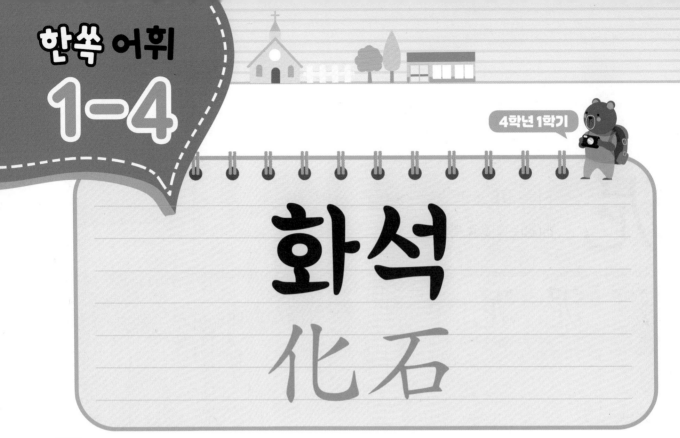

화석
化石

무슨 뜻인가요?

우리는 지금까지 지층과 퇴적암 등을 공부하였습니다.

퇴적암은 먼저 만들어진 지층 위에
계속해서 퇴적물이 쌓이고 오랫동안 눌려 만들어진다고 했습니다.

그리고 퇴적암에는 역암과 사암, 이암이 있다고 했습니다.

그런데 퇴적물 속에는 자갈과 모래 그리고 진흙만 있는 것이 아닙니다.

퇴적물 속에는 동물의 뼈도 있고
퇴적물 속에는 식물의 잎도 들어 있습니다.
퇴적물 속에는 나뭇가지도 같이 묻히고
퇴적물 속에는 조개도 함께 묻히며
퇴적물 속에는 죽은 물고기도 같이 묻힐 수도 있습니다.
그리고 지층에는 동물들의 발자국이 찍힐 수도 있습니다.

퇴적물에 함께 묻히는 여러 가지 생물과 흔적들

조개

식물의 잎

물고기 뼈

새 발자국

지층에서
자갈은 굳어져 역암이 되고
모래는 굳어져 사암이 되고
진흙은 굳어져 이암이 됩니다.

그리고 함께 묻힌 생물들도
그 속에서 돌이 되어 흔적으로 남아 있습니다.
이처럼 옛날에 살았던 생물의 몸체나 생활한 흔적이 남아 있는 것을
화석(化石)이라고 합니다.

 한자로 배워 봐요!

화석(化石)에서
화(化)는 된다는 뜻이며 '될 화'입니다.
석(石)은 '돌 석'입니다.
그러므로 화석(化石)은 돌이 되었다는 뜻입니다.

> 한자로 화석(化石)은 옛날의 생물이 돌이 되었다는 뜻입니다.

화석(化石)을 한자로 쓰고 소리를 내어 읽어 봅시다.

뜻) 소리   뜻) 소리
될 **화**   돌 **석**

 교과서에서 살펴보기

교과서에서는
먼저 화석을 우리가 어떻게 볼 수 있게 되었는지를 공부합니다.

화석(化石)은
아주 오랜 옛날의 생물이나 그 흔적이므로 깊은 땅속에 들어 있을 텐데
우리는 그 화석을 어떻게 볼 수 있게 되었을까요?

그 이유는 침식 작용 때문입니다.
물과 바람 등이 지층을 계속 침식하게 되면
그 속에 숨겨져 있는 화석이 드디어 모습을 드러내기 때문이죠.

화석이 발견되어 우리가 볼 수 있는 이유

화석은
물과 바람 등에 지층이 침식되면서
밖으로 드러납니다. 그래서
우리가 화석을 볼 수 있게 되었습니다.

교과서에서는 또 사진이나 표본을 통해서 화석을 관찰합니다.

그리고 여러 가지 모형 화석과 사진을 보고, 동물화석과 식물화석으로 분류하는 공부를 합니다.

식물화석에는 고사리 화석과 나뭇잎 화석 등이 있습니다

동물화석에는 물고기 화석, 삼엽충 화석, 조개 화석, 공룡 발자국 화석 등이 있습니다.

식물화석과 동물화석

고사리화석　　　식물화석　　　공룡 발자국 화석　　암모나이트 화석

영화나 책에서 공룡을 본 적이 있나요?

공룡은 이미 오래전에 사라진 동물인데, 공룡이 그렇게 생겼다는 걸 어떻게 알 수 있었을까요?

우리가 실제 공룡의 모습을 알 수 있는 것은 과학자들 덕분입니다.

과학자들은 화석을 연구해서 공룡의 크기와 종류들을 알아낼 수 있었습니다.

교과서에서는 화석을 잘 관찰하면 알 수 있는 것들을 공부합니다.

화석을 관찰하면 먼저 그 생물의 생김새와 생활 모습을 알 수 있겠죠?

공룡 발자국 화석을 보고 실제 공룡의 크기와 어떻게 움직였는지 등을 추리해 볼 수 있습니다.

그리고 그 화석이 만들어진 때의 환경도 알 수 있습니다.

산호 화석이 발견되면 그 지역은 예전에 따뜻하고 낮은 바다였구나 하는 것을 알 수 있는 것입니다.

> **화석을 관찰하고 추리해서 알 수 있는 것들**
>
> **(1) 옛날 생물의 생김새와 생활 모습**
>
> **(2) 화석이 발견된 지층이 만들어진 때**
>
> **(3) 화석이 발견된 지역의 당시 환경**

 문제를 풀면서 알아보기

✎ 한자로 化石이라고 쓰며, '옛날의 생물이 돌이 된 것'을 뜻하는 낱말은 무엇일까요?

_____

✎ 화석과 관련된 다음 글을 읽고, 알맞은 답을 〈보기〉에서 골라 빈 칸에 써 보세요.

┌─────── 〈보기〉 ───────┐
│   침식   운반   퇴적   │
└──────────────────────┘

o 화석은 물과 바람 등에 지층이 □□되면서 밖으로 드러납니다.
  그래서 우리가 화석을 볼 수 있게 되었습니다.

☐ ☐

✎ 다음 중 화석을 관찰하고 추리해서 알 수 있는 것이 아닌 것은? (   )

① 옛날 생물의 생김새와 생활 모습

② 화석이 발견된 지층이 만들어진 때

③ 화석이 발견된 지역의 당시 환경

④ 옛날에 사용하던 농기구의 모습

 한자를 읽고 쓰기 연습을 해 보세요.

化 될 **화**

화(化)는 된다는 뜻을 지니고 있습니다.

化	化	化	化				
化							

石 돌 **석**

석(石)은 돌을 뜻합니다.

石	石						
石							

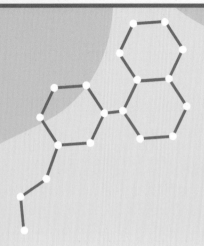

2-1	조건(條件)

| 2-2 | 변화(變化) |

2

식물의
한살이

조건

條件

 무슨 뜻인가요?

초등학생은 자동차 운전을 할 수 없습니다.

자동차를 운전하려면 운전면허증이 있어야 합니다.

운전면허 시험을 보려면 미리 갖추어야 할 몇 가지 것이 필요합니다.

우선 자격증 종류에 맞는 나이가 되어야 하고, 신체검사도 통과해야 합니다.

이렇게 꼭 필요한 몇 가지 것; 이것을 조건(條件)이라고 합니다.

 한자로 배워 봐요!

조건(條件)에서

조(條)는 몇 가지를 뜻하며, '가지 조'입니다.

건(件)은 '것 건'입니다.

그러므로 조건(條件)은 몇 가지 것을 뜻합니다.

> 한자로 조건(條件)은 꼭 필요한 몇 가지 것을 뜻합니다.

조건(條件)을 한자로 쓰고 소리를 내어 읽어 봅시다.

교과서에서는

먼저 식물의 씨가 싹트는 데 필요한 조건을 공부합니다.

2개의 페트리 접시에 탈지면을 깔고, 똑같은 종류의 강낭콩을 각각의 페트리 접시에 올려놓습니다.
그리고 한쪽에는 물을 주고 한쪽에는 물을 주지 않고 관찰합니다.

이 실험은 씨가 싹트는 데 물이 꼭 필요한지 알아보는 실험입니다.

물을 준 강낭콩	물을 주지 않은 강낭콩
싹이 튼다	싹이 트지 않는다

씨가 싹트는 데 물이 꼭 필요한지 알아보는 실험 결과, 물을 준 강낭콩에서만 싹이 텄습니다.
이를 통해 물은 씨가 싹트는 데 꼭 필요한 조건(條件)이라는 것을 알 수 있습니다.

교과서에서는 또 식물의 씨가 싹트는 데 적당한 온도가 필요한지 알아보는 공부도 합니다.

2개의 페트리 접시에 탈지면을 깔고, 똑같은 종류의 강낭콩을 각각의 페트리 접시에 올려놓습니다.
이번에는 두 쪽 모두에 물을 준 후, 하나는 햇빛이 잘 드는 창가에 두고 다른 하나는 냉장고에 넣어 둡니다.

이 실험은 씨가 싹트는 데 적당한 온도가 필요한지 알아보는 실험입니다.

햇빛이 잘 드는 창가에 둔 강낭콩	냉장고에 넣어 둔 강낭콩

싹이 튼다	싹이 트지 않는다

씨가 싹트는 데 적당한 온도가 필요한지 알아보는 실험 결과, 냉장고에 넣어 둔 강낭콩에서만 싹이 트지 않았습니다.

이를 통해 온도도 씨가 싹트는 데 꼭 필요한 조건(條件)이라는 것을 알 수 있습니다.

> **씨가 싹트는 데 필요한 조건(條件)**
>
> **물과 적당한 온도**

교과서에서는 또
식물이 잘 자라는 데 필요한 몇 가지 조건(條件)에 관해서도 공부합니다.

먼저 크기가 비슷하게 자란 강낭콩 화분 2개를 준비한 후, 하나의 화분은 물을 주고, 다른 하나의 화분은 물을 주지 않으면서 며칠 동안 관찰합니다.

물을 준 화분	물을 주지 않은 화분

잘 자란다	잘 자라지 못한다

식물이 잘 자라기 위해서는
물이 필요하고 햇빛도 필요하고
적당한 온도도 필요하고 그리고 양분도 필요합니다.

이것을 식물이 자라는 데 꼭 필요한 몇 가지 것, 즉 조건(條件)이라고 합니다.

> 식물이 자라는 데 필요한 몇 가지 것 (조건)
>
> **물, 빛, 적당한 온도, 양분**

 ## 문제를 풀면서 알아보기

✎ 한자로 **條件**이라고 쓰며 '몇 가지 것'을 뜻하는 낱말은 무엇일까요?

✎ 다음은 씨가 싹트는 데 필요한 조건에 관한 내용입니다. 관련된 것들끼리 줄을 이어 보세요.

물을 주고, 햇빛이 잘 드는 창가에 둔 강낭콩 ●   ●

물을 주고, 냉장고에 넣어 둔 강낭콩 ●   ●

✎ 다음 중 식물이 자라는 데 필요한 조건이 아닌 것은? (　　　)

① 물   ② 빛

③ 적당한 온도   ④ 바람

 한자를 읽고 쓰기 연습을 해 보세요.

條 가지 조

조(條)는 몇 가지를 뜻합니다.

條	條	條	條	條

條							

件 것 건

건(件)은 '물건'이나 '사건', '나누다'라는 뜻을 지니고 있습니다.

件	件	件

件							

변화
變化

 무슨 뜻인가요?

오늘은 날씨 변화가 심하다.
이런 말을 들어 보셨나요?
아침엔 추웠는데 낮엔 너무 더울 때
우리는 날씨 변화가 심하다고 합니다.

또 계절이 변화함에 따라 나뭇잎의 색깔도 변합니다.
은행잎이 노랗게 색이 변화했다.
단풍잎이 빨갛게 색이 변화했다.

이처럼 어떠한 사물의 성질이나 모양, 상태가 바뀌어 달라지는 것을
변화라고 합니다.

한자로 배워 봐요!

변화는 바뀌어 달라진다는 뜻입니다.

변화(變化)에서

변(變)은 바뀌다를 뜻하며, '변할 변'입니다.

화(化)는 '될 화'입니다.

한자로 변화(變化)는 바뀌어 달라지는 것을 뜻합니다.

변화(變化)를 한자로 쓰고 소리를 내어 읽어 봅시다.

뜻	소리	뜻	소리
변할	변	될	화

 교과서에서 살펴보기

교과서에서는
자라는 식물의 변화를 관찰합니다.

먼저 강낭콩이 자라면서 잎이 어떻게 변화(變化)하는지 공부합니다.

강낭콩은 자라면서
잎의 개수가 많아지고
점점 넓어집니다.

강낭콩의 줄기는 길어지고
점점 굵어집니다.

줄기와 잎자루 사이에서 새 줄기가 나옵니다.

강낭콩 잎과 줄기의 변화(變化: 바뀌어 달라짐)

잎 : 잎의 개수가 많아지고 점점 넓어집니다.
줄기 : 줄기가 점점 길어지고 굵어집니다.

교과서에서는 또
강낭콩이 자라면서 뿌리는 어떻게 변화(變化: 바뀌어 달라짐)하는지 공부합니다.

강낭콩의 뿌리는 자라면서 점점 길어집니다.
강낭콩의 뿌리는 자라면서 점점 굵어집니다.
또 굵어진 뿌리 사이에서 새 뿌리가 나옵니다.

강낭콩 뿌리의 변화(變化: 바뀌어 달라짐)

뿌리 : 점점 길어지고 굵어지며 새 뿌리가 나옵니다.

교과서에서는 또
강낭콩이 자라면서 꽃봉오리가 생기고, 꽃이 피고 지면 꼬투리(열매)가 생기는 변화를 관찰합니다.
또 꼬투리(열매)가 점점 커지고 그 속에 씨가 생기는 변화도 공부합니다.

강낭콩의 꽃과 열매의 변화(變化: 바뀌어 달라짐)

  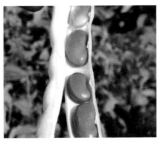

| 꽃봉오리가 생기고 꽃이 핍니다. | 꽃이 진 자리에 꼬투리(열매)가 생깁니다. | 꼬투리(열매)가 커지고 씨(강낭콩)가 만들어집니다. |

문제를 풀면서 알아보기

🖊 한자로 變化라고 쓰며, '바뀌어 달라짐'을 뜻하는 낱말은 무엇일까요?

🖊 다음은 강낭콩 잎과 줄기의 변화를 보여 주는 사진입니다. 이에 대한 설명이 잘못된 것은 무엇인지 골라 보세요. (　　　)

① 강낭콩은 자라면서 잎의 개수가 많아집니다.

② 강낭콩은 자라면서 잎이 점점 좁아집니다.

③ 강낭콩의 줄기는 점점 길어지고 굵어집니다.

④ 줄기와 잎자루 사이에서 새 줄기가 나옵니다.

강낭콩 잎과 줄기의 변화

🖊 다음은 강낭콩의 꽃과 열매의 변화에 대한 설명입니다. (　　　) 안에 알맞은 말을 아래에서 골라 써 보세요.

┌───────── 〈보기〉 ─────────┐
씨　　　꼬투리(열매)　　　꽃
└────────────────────────┘

○ 강낭콩이 자라면서 (　　　　　　)이 피고, 꽃이 지면 (　　　　　　　)가 생기며, 꼬투리

(열매)가 점점 커지고 그 속에 (　　　　　　)가 생깁니다.

 한자를 읽고 쓰기 연습을 해 보세요.

變

변할 **변**

변(變)은 바뀌다를 뜻합니다.

變	變	變	變	變				
變								

化

될 **화**

화(化)는 된다는 뜻을 지니고 있습니다.

化	化	化	化					
化								

3-1	수평(水平)

3-2	용수철(龍鬚鐵)

3

물체의 무게

수평
水平

무슨 뜻인가요?

아래의 그림들을 잘 관찰해 보세요.

수조의 기울기가 달라져도 물의 표면은 항상 땅과 나란하죠?

물과 같이, 항상 땅과 나란한 것을 수평이라고 합니다.

수평에서 '수(水)'는 한자로 물을 뜻합니다.

수평선이라는 말을 들어 보셨지요?

바닷물의 표면도 땅과 나란하다고 볼 수 있습니다.

그래서 바다 표면을 수평선이라고 합니다.

시소가 땅과 나란할 때 수평이라고 하고
양팔 저울이 한쪽으로 기울지 않았을 때도 수평이라고 합니다.

물의 표면은 항상 땅과 평평해지는 특징을 지니고 있습니다.

 한자로 배워 봐요!

수평(水平)에서
수(水)는 '물 수'이고
평(平)은 평평하다를 뜻하며, '평평할 평'입니다.

그러므로 수평(水平)은 물의 표면처럼 평평한 것을 뜻합니다.

한자로 수평(水平)은 물의 표면처럼 평평한 것을 뜻합니다.

수평(水平)을 한자로 쓰고 소리를 내어 읽어 봅시다.

뜻	소리	뜻	소리
물	**수**	평평할	**평**

교과서에서 살펴보기

교과서에서는
양팔 저울을 이용해서 물체의 무게를 비교하는 공부를 합니다.

양팔 저울은 수평을 이용해서 만든 저울입니다.
양팔 저울은 두 물체의 무게를 비교하는 데 매우 편리합니다.

양팔 저울로 물체의 무게를 비교하는 방법은 매우 간단합니다.
양쪽 접시 위에 각각의 물체를 올려놓았을 때
아래로 내려가는 쪽이 무거운 쪽입니다.

수평을 이용해 만든 양팔 저울

무겁다　　　　**가볍다**

번거롭긴 하지만
양팔 저울을 이용해서 여러 가지 물체의 무게를 비교할 수도 있습니다.

첫 번째 방법은
두 물체끼리 각각 비교한 다음 다시 서로의 무게를 비교해서 순서를 정하는 방법입니다.

예를 들어
양팔 저울로 무게를 재 보니
지우개보다 가위가 더 무거웠고, 풀이 가위보다 더 무거웠습니다.
그렇다면 무거운 순서 1등은 풀, 2등은 가위, 3등은 지우개가 됩니다.

가위가 지우개보다 더 무겁다.　　　　　**풀이 가위보다 더 무겁다.**

풀　⟩　**가위**　⟩　**지우개**

또 다른 방법은
여러 가지 무게를 비교할 때는 한쪽 접시에 물체를 놓고, 다른 쪽 접시에 클립을 하나씩 올리며 수평을
만듭니다.
각각의 물체가 수평이 되었을 때, 클립의 개수를 기록해서 서로 비교해 보면
어느 물체가 가장 무거운지 알 수 있습니다.

문제를 풀면서 알아보기

✏️ 한자로 水平이라고 쓰며, '물의 표면처럼 평평한 것'을 뜻하는 낱말은 무엇일까요?

_____

✏️ 양팔 저울과 클립을 이용해서 물체의 무게를 재 본 결과는 다음과 같습니다. 실험 결과 가벼운 순서대로 적어 보세요.

_____

물체	클립의 개수
지우개	30개
가위	40개
풀	50개

✏️ 아래의 실험 결과, 가장 무거운 물체는 무엇인지 (   ) 안에 써 보세요.

(   )

 한자를 읽고 쓰기 연습을 해 보세요.

水 물 **수**

수(水)는 물을 뜻합니다.

水	水	水	水

水						

平 평평할 **평**

평(平)은 평평하다는 뜻을 지니고 있습니다.

平	平	平	平	平

平						

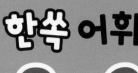

용수철
龍鬚鐵

 무슨 뜻인가요?

오른쪽 그림은

상상의 동물 용을 그린 그림입니다.

용의 수염 모양이 돌돌 말려 감겨 있네요.

이런 모양을 용의 수염 모양, 한자로 용수(龍鬚) 모양이라고 합니다.

용의 수염

용수(龍鬚)는 한자로 용 용(龍)과 수염 수(鬚)입니다.

그러므로 용수는 용의 수염처럼 돌돌 말려 있는 모양을 뜻합니다.

물론 상상 속의 용 수염을 말하겠죠?

그런데 용의 수염은 아무리 곧게 펴려고 해도 다시 원래의 모양으로 되돌아간다고 알려져 있습니다.

이러한 성질을 좀 어려운 말로 복원력이라고 합니다.

월   일

용수철은 무엇일까요?

용수에 대해서는 앞에서 공부했고
용수철에서 '철'은 '쇠 철'입니다.

그러므로
용수철은 금속을 이용해서 용수를 만들었다는 뜻이 되겠네요.
용수철은 스프링이라고도 합니다.

용수철은 늘려도 다시 원래대로 돌아가는 성질을 가지고 있습니다.
또 무게에 따라 일정하게 늘어나는 성질이 있어 저울을 만드는 데 사용할 수 있습니다.

한자로 배워 봐요!

용수철(龍鬚鐵)에서
용(龍)은 '용 용'이고
수(鬚)는 수염을 뜻하고, '수염 수'입니다.
철(鐵)은 금속을 뜻하고, '쇠 철'입니다.

그러므로 용수철(龍鬚鐵)은 용 수염 모양과 성질을 지닌 금속을 뜻합니다.

> 한자로 용수철(龍鬚鐵)은 용 수염 모양과 성질을 지닌 금속을 뜻합니다.

용수(龍鬚)를 한자로 쓰고 소리를 내어 읽어 봅시다.

뜻	소리	뜻	소리
용	**용**	수염	**수**

교과서에서는 추를 매달아서 용수철이 늘어나는 길이를 측정하는 공부를 합니다.

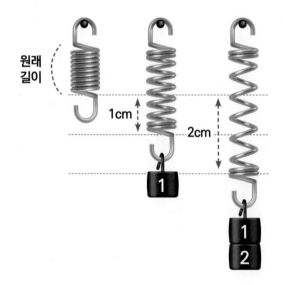

먼저

용수철에 추를 1개 매달아 보고 늘어난 길이를 측정합니다.

용수철에 추를 1개 더 매달아 보고 늘어난 길이를 측정합니다.

용수철에 추를 1개 더 매달아 보고 늘어난 길이를 또 측정합니다.

이렇게 추를 매달면서 길이를 계속 측정해 보면 재미있는 특징을 찾을 수 있습니다.

20g 추 하나를 달아 2.5cm가 늘어났다면

20g 추 하나를 또 달면 2.5cm가 더 늘어 총 5cm가 됩니다.

20g 추 하나를 또 달면 2.5cm가 더 늘어 총 7.5cm가 됩니다.

이 실험을 통해

물체의 무게가 일정하게 늘어나면, 용수철의 길이도 일정하게 늘어난다는 것을 알 수 있습니다.

> **용수철의 성질**
>
> 물체의 무게가 일정하게 늘어나면, 용수철의 길이도 일정하게 늘어난다.

이러한 성질을 이용해서 용수철 저울을 만들 수 있습니다.

> **용수철 저울**
>
> 무게에 따라 일정하게 늘어나는 성질을 이용해서 용수철 저울을 만든다.

 문제를 풀면서 알아보기

✏ 다음은 추를 매달아서 용수철이 늘어난 길이를 측정하는 실험입니다. 표의 빈칸에 들어갈 숫자를 추리해서 (   ) 안에 써 보세요.

(   )

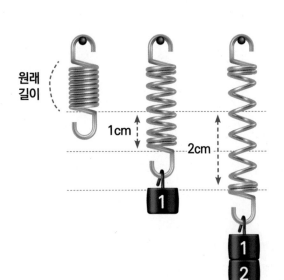

추의 개수	용수철이 늘어난 길이
1개	1cm
2개	2cm
3개	☐ cm

✏ 다음 (   ) 안에 알맞은 답을 써 보세요.

용수철에 매단 물체의 무게가 일정하게 늘어나면

용수철의 길이도 일정하게 (   ).

 한자를 읽고 쓰기 연습을 해 보세요.

龍 용 용

용(龍)은 용을 뜻합니다.

龍	龍	龍	龍			
龍						

鬚 수염 수

수(鬚)는 수염을 뜻합니다.

鬚	鬚	鬚	鬚			
鬚						

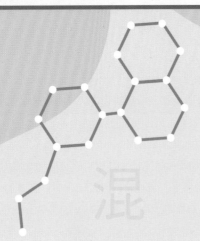

4-1	혼합물(混合物)
4-2	분리(分離)

샐러드는 섞어도 모양이 변하지 않아!

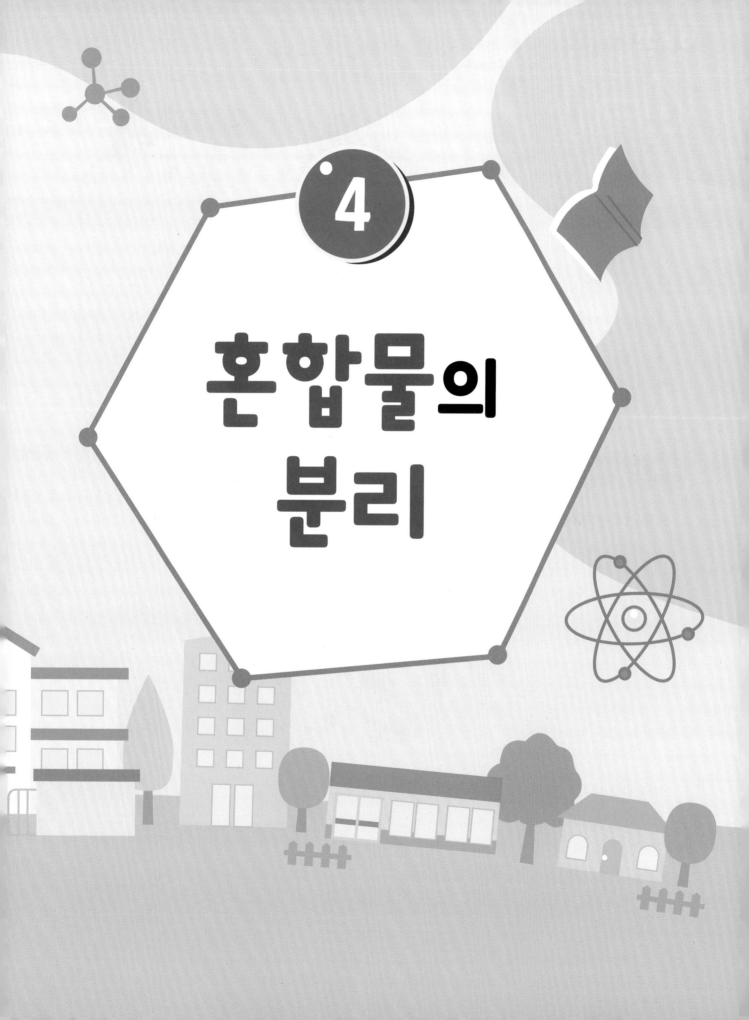

4

혼합물의
분리

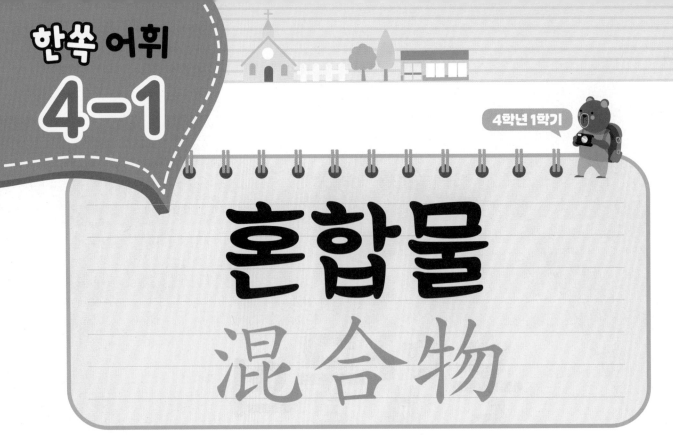

혼합물
混合物

 무슨 뜻인가요?

아래 사진은 콩밥을 짓기 위해 쌀과 콩을 섞어 둔 모습입니다.

섞어 놓은 콩과 쌀

콩과 쌀을 아무리 잘 섞어도, 콩은 콩이고 쌀은 쌀입니다.

색깔도 그대로고, 모양도 그대로고, 크기도 변하지 않습니다.

이처럼

두 개 이상의 물질을 섞어서 합해도

그 성질이 변하지 않고 그대로 있는 것을 혼합물이라고 합니다.

한자로 배워 봐요!

혼합물(混合物)에서
혼(混)은 '섞을 혼'이고
합(合)은 '합할 합'입니다.
물(物)은 물질을 뜻하고, '만물 물'입니다.

그러므로 혼합물(混合物)은 섞어서 합해 놓은 물질을 뜻합니다.

한자로 혼합물(混合物)은 섞어서 합해 놓은 물질을 뜻합니다.

혼합(混合)을 한자로 쓰고 소리를 내어 읽어 봅시다.

교과서에서는 우리 주변의 여러 가지 혼합물을 공부합니다.

앞에서 퇴적암을 공부했었죠?
퇴적암도 자갈과 모래, 진흙이 섞여 있지만, 각각의 성질을 그대로 지니고 있으므로 혼합물입니다.

퇴적암도 자갈과 모래, 진흙이 섞여서
합해져 있지만 각각의 성질을 그대로
가지고 있으므로 혼합물입니다.

다시 한번 강조합니다.
혼합물은 두 개 이상의 물질이 섞여 있지만
각각의 성질이 변하지 않고 그대로 있어야 합니다.

다음은 우리 주변에서 볼 수 있는 여러 가지 혼합물들입니다.

흙과 돌이 섞여 있지만 각각의 성질을 그대로 가지고 있는
흙탕물은 혼합물입니다.

여러 가지 곡식들이
각각의 성질을 그대로 가지고 있는
잡곡도 혼합물입니다.

여러 가지 혼합물(混合物: 섞어서 합해 놓은 물질)

혼합물	모습	혼합물인 이유
흙		바위나 돌이 부서진 알갱이들과 동식물의 썩은 물질들이 각자의 성질을 잃지 않고 섞여 있음
바닷물		물과 소금 등이 각자의 성질을 잃지 않고 섞여 있음
흙탕물		흙과 물이 각자의 성질을 잃지 않고 섞여 있음
잡곡		여러 가지 곡물들이 각자의 성질을 잃지 않고 섞여 있음
물체상자		여러 가지 재료들이 각자의 성질을 잃지 않고 섞여 있음

 문제를 풀면서 알아보기

✏️ 한자로 混合物이라고 쓰며, '두 개 이상의 물질을 섞어서 합해도 그 성질이 변하지 않고 그대로 있는 것'을 뜻하는 낱말은 무엇일까요?

✏️ 다음 중에서 혼합물인 것은 ○표, 혼합물이 아닌 물질은 X표 하세요.

혼합물	모습	정답
잡곡		
흙		
소금		
샐러드		

한자를 읽고 쓰기 연습을 해 보세요.

混 섞을 **혼**

혼(混)은 섞는다는 뜻을 지니고 있습니다.

混	混	混	混				
混							

合 합할 **합**

합(合)은 합한다는 뜻을 지니고 있습니다.

合	合	合					
合							

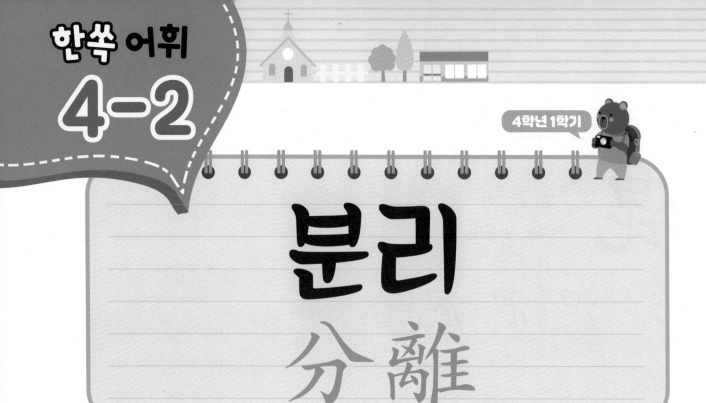

분리
分離

 무슨 뜻인가요?

이별이라는 말은 들어 보셨죠?

헤어지는 것을 말합니다.

이별에서 한자 이(離)는 떼어 놓다 또는 나눈다는 뜻을 지니고 있습니다.

우리가 생활에 필요한 것을 얻기 위해서는

혼합물에서 어떤 특별한 물질을 떼어 내야 합니다.

금이 들어 있는 금광석에서

금을 떼어 내기 위해, 금과 돌로 나눕니다.

사탕수수에서 설탕을 떼어 내기 위해, 설탕과 설탕 아닌 물질로 나눕니다.

감귤주스를 만들기 위해서는

감귤에서 감귤즙을 분리해야 합니다.

여러 가지 물질이 섞인 혼합물을 나누는 것을 분리(分離)라고 합니다.

한자로 배워 봐요!

분리(分離)에서

분(分)은 '나눌 분'이고

리(離)도 나눈다는 뜻이며, '떼 놓을 리'입니다.

그러므로 분리(分離)는 혼합물을 나눈다는 뜻입니다.

한자로 분리(分離)는 <u>혼합물을 나눈다</u>는 뜻입니다.

분리(分離)를 한자로 쓰고 소리를 내어 읽어 봅시다.

뜻	소리	뜻	소리
나눌	분	떼 놓을	리

교과서에서는

먼저 알갱이의 크기가 다른 고체 물질을 분리하는 공부를 합니다.

콩과 팥 그리고 좁쌀이 섞여 있으면 어떻게 분리할까요?

손으로 하나하나 분리할 수도 있습니다.

또 체를 이용해서 분리할 수도 있습니다.

체는 구멍의 크기가 다른 여러 가지가 있습니다.

구멍의 크기가 다른 여러 가지 체를 잘 이용해서

알갱이가 작은 것부터 하나씩 분리할 수도 있고

알갱이의 크기가 큰 것부터 분리할 수도 있습니다.

체를 이용한 콩과 팥, 좁쌀 분리

1. 구멍의 크기가 다른 여러 가지 체 준비하기

2. 콩 분리하기

3. 팥과 좁쌀 분리하기

교과서에서는 또

자석을 이용해서 혼합물을 분리하는 공부도 합니다.

이러한 방법은 자석에 붙는 물질과 붙지 않는 물질을 분리할 때
매우 좋은 방법입니다.

모래와 철 가루가 섞여 있으면 어떻게 분리할까요?
이럴 때 자석의 성질을 이용해서 분리합니다.
다음은 자석을 이용해서 여러 가지 혼합물을 분리하는 예입니다.

자석을 이용한 혼합물 분리

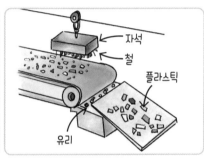

| 자석을 이용한 모래와
철 가루 분리 | 전자석으로
철을 분리하는 모습 | 자석을 이용한
재활용 쓰레기 분리 |

교과서에서는 또
거름 장치를 이용해서 혼합물을 분리하는 공부도 합니다.

모래와 소금이
섞인 혼합물이 있다고 생각해 봅시다.

이럴 때는
물에 녹는 성질을 이용해서 분리하면 됩니다.

모래는 물에 녹지 않지만
소금은 물에 녹습니다.

그러므로
소금만 물에 녹여 분리할 수 있습니다.

모래와 소금 혼합물을 물에 넣고 잘 저은 후
다시 거름 장치를 이용해서 소금이 녹아 있는 물만 분리해 내는 방법입니다.

모래와 소금 혼합물을 거름 장치로 분리하기

모래와 소금 혼합물을
물에 녹이기

거름 장치로 모래와
소금물 분리하기

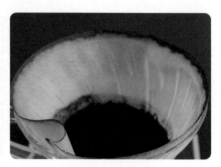

거름종이에 걸러진
모래 확인하기

이제 소금물을
소금과 물로 다시 분리해야 합니다.

소금물에서 소금과 물을 분리하기 위해서는 물을 증발시켜야 합니다.
소금물이나 바닷물에
열을 가하거나 햇볕에 두면
물이 사라지고 소금만 남게 됩니다.
이러한 것을 증발(蒸發)이라고 합니다.

바닷물을 증발시켜
소금을 만드는 염전

증발(蒸發)에서

증(蒸)은 찐다는 뜻으로, '찔 증'이라 읽습니다.

발(發)은 보낸다는 뜻이며, '쏠 발'입니다.

그러므로 증발(蒸發)은 물을 쪄서 내보낸다는 뜻인데요.

보통 액체가 기체로 변하는 것을 말합니다.

증발에 대해서는 2학기에 다시 한번 공부하겠습니다.

문제를 풀면서 알아보기

✎ 한자로 分離라고 쓰며, '혼합물을 나눈다'를 뜻하는 낱말은 무엇일까요?

✎ 다음은 혼합물을 분리하는 방법에 관한 내용입니다. 관련된 것들끼리 줄을 이어 보세요.

●   ● 자석에 붙는 성질을 이용하여 분리하기

●   ● 알갱이 크기의 차이를 이용해서 분리하기

●   ● 물에 녹는 성질을 이용해서 분리하기

한자를 읽고 쓰기 연습을 해 보세요.

分 나눌 분

분(分)은 나눈다는 뜻을 지니고 있습니다.

分	分	分	分				
分							

離 떼 놓을 리

리(離)도 나눈다는 뜻을 지니고 있습니다.

離	離	離	離	離	離		
離							

生

水

物

植

| 1-1 | 수생식물(水生植物) |

1

식물의 생활

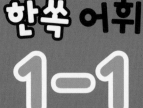

4학년 2학기

수생식물
水生植物

 무슨 뜻인가요?

4학년 2학기가 되니

3학년 때부터 그동안 익힌 것들을 떠올리며 공부할 수 있게 되었네요.

그동안 공부한 내용을 한번 떠올려 볼까요?

수평(水平)을 공부하면서 수(水)를 알게 되었고

생물(生物)을 공부하면서 생(生)도 알게 되었습니다.

水	生
물 수	날 생

그러므로 수생식물(水生植物)은

물이 있는 곳에서 자라는 식물이라는 것을 알 수 있겠죠?

수생식물(水生植物) : 물이 있는 곳에서 자라는 식물

한자로 배워 봐요!

1. 수생

수생(水生)에 대해 다시 자세히 알아보겠습니다.

수생(水生)에서

수(水)는 '물 수'입니다.

생(生)은 태어나서 살아 있다는 뜻으로 '날 생'입니다.

그러므로 수생(水生)은 물에서 산다는 뜻입니다.

> 한자로 수생(水生)은 <u>물에서 산다</u>는 뜻입니다.

수생(水生)을 한자로 쓰고 소리를 내어 읽어 봅시다.

뜻   소리   뜻   소리
물   수   날   생

2. 식물

식물(植物)에서
식(植)은 심는다는 뜻으로 '심을 식'이라고 읽고
물(物)은 물건을 뜻하고 특히 살아 있는 모든 만물을 뜻하며
물건 물' 또는 '만물 물'이라 읽는다고 했습니다.

식물(植物)은 보통 땅에 심어져 움직이지 못하는 생물입니다.

> 식물(植物)은 보통 땅에 심어져 움직이지 못하는 생물을 뜻합니다.

여기에서 '보통'이라고 말하는 것은
대부분 식물은 땅에 뿌리를 내리고 있지만
뿌리가 물 위에 떠 있는 식물도 있기 때문입니다.

한자로 식물(植物)을 쓰고 소리를 내어 읽어 봅시다.

한자 어휘 학습으로 쏙쏙 개념 익히기 한쏙과학

 교과서에서 살펴보기

교과서에서는 먼저
물에 떠서 사는 수생식물을 공부합니다.

물에 떠서 사는 수생식물에는 부레옥잠이 있습니다.
부레옥잠에는 공기주머니가 있어서 잘 뜰 수 있다는 것을 공부합니다.
물에 떠서 사는 수생식물은 수염처럼 생긴 뿌리가 있습니다.

물에 떠서 사는 수생식물에는 부레옥잠, 생이가래, 개구리밥 등이 있습니다.

물에 떠서 사는 수생식물(水生植物)

| 부레옥잠 | 생이가래 | 개구리밥 |

물에 떠서 사는 수생식물(水生植物) : 수염처럼 생긴 뿌리가 있다.

교과서에서는 또
물속에 잠겨서 사는 수생식물을 공부합니다.

물속에 잠겨서 사는 수생식물은
잎이 좁고 깁니다.
또 물속 땅에 뿌리를 내리고 있습니다.

그리고 잎과 줄기가 물의 흐름에 따라 잘 휩니다.

물속에 잠겨서 사는 수생식물에는 검정말, 붕어마름, 나사말 등이 있습니다.

물속에 잠겨서 사는 수생식물(水生植物)

| 검정말 | 붕어마름 | 나사말 |

물속에 잠겨 사는 수생식물(水生植物)

물속 땅에 뿌리를 내리고 있으며, 줄기가 물의 흐름에 따라 잘 휜다.

교과서에서는 또

잎이 물에 떠 있는 수생식물을 공부합니다.

잎이 물에 떠 있는 수생식물은

뿌리는 물속 땅에 있지만

잎과 꽃은 물 위에 떠 있습니다.

잎과 꽃이 물 위에 떠 있는 수생식물에는 가래, 수련, 마름, 어리연꽃 등이 있습니다.

잎과 꽃이 물 위에 떠 있는 수생식물(水生植物)

| 가래 | 수련 | 마름 |

잎이 물 위에 떠 있는 수생식물(水生植物)

뿌리는 물속 땅에 있고 잎과 꽃이 물 위에 떠 있습니다.

교과서에서는 또
잎이 물 위로 높이 자라는 수생식물도 공부합니다.
주로 물가에서 자라기 때문에 물가 식물이라고도 합니다.
물가 식물은 키도 크고 줄기도 튼튼합니다.
뿌리는 물속 땅에 있기도 하고 물가에 있기도 합니다.

잎이 물 위로 높이 자라는 수생식물에는 갈대, 부들, 연꽃 등이 있습니다.

잎이 물 위로 높게 자라는 수생식물(水生植物)

| 갈대 | 부들 | 연꽃 |

잎이 물 위로 높게 자라는 수생식물(水生植物)

뿌리는 물속 땅 또는 물가의 땅에 있고, 키가 크고 줄기가 튼튼합니다.

한자 어휘 학습으로 쏙쏙 개념 익히기 한쏙과학

 문제를 풀면서 알아보기

✏ 한자로 水生植物이라고 쓰며, '물이 있는 곳에서 자라는 식물'은 무엇인가요?

....

✏ 다음은 여러 가지 수생식물에 대한 설명입니다. 관련된 것들끼리 줄을 이어 보세요.

●   ●   물에 떠서 사는 수생식물
                          (부레옥잠)

●   ●   잎이 물 위로 높이 자라는
                          수생식물
                          (부들)

●   ●   잎과 꽃이 물 위에
                          떠 있는 수생식물
                          (수련)

 한자를 읽고 쓰기 연습을 해 보세요.

水 물 수

수(水)는 물을 뜻합니다.

水	水	水	水				
水							

生 날 생

생(生)은 태어나서 살아 있다는 뜻을 지니고 있습니다.

生	生	生	生				
生							

植 심을 **식**

식(植)은 심는다는 뜻을 지니고 있습니다.

植	植	植	植				
植							

物 만물 **물**

물(物)은 물건을 뜻하고 특히 살아 있는 모든 만물을 뜻합니다.

物	物	物	物				
物							

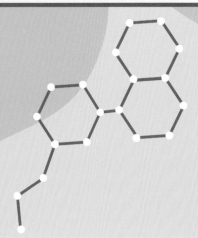

| 2-1 | 증발(蒸發) |
| 2-2 | 응결(凝結) |

2

물의 상태 변화

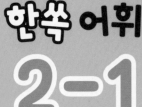

증발
蒸發

무슨 뜻인가요?

주전자에 물이 끓는 것을 본 적이 있나요?

옆의 사진은 주전자로 물을 끓이는 모습입니다.

물을 끓이면 하얀 김이 피어오르고

피어오른 하얀 김은 곧 보이지 않게 되죠?

공기 중으로 들어가서 눈에 보이지 않게 되는데,

그것을 수증기라 합니다.

수증기(水蒸氣)는 눈에 보이지 않습니다.

그러나 공기 중에 있습니다.

눈에 보이지는 않지만, 수증기를 몸으로 느낄 수 있습니다.

하얀 김은 수증기가 아니고,
작은 물방울(액체)이다.

물을 끓일 때 볼 수 있는 하얀 김은 수증기가 아닙니다.

김은 작은 물방울입니다.

그러니까 하얀 김은 액체입니다.

그렇지만 수증기는 액체가 아니고 기체입니다.

 한자로 배워 봐요!

수증기(水蒸氣)에 나오는 한자는

우리가 이미 다 배운 한자들입니다.

수증기는 한자로 水蒸氣(수증기)라고 씁니다.

수증기(水蒸氣)에서

수(水)는 '물 수'이고

증(蒸)은 '찔 증'입니다.

기(氣)는 기체를 뜻하며, '기운 기'입니다.

그러므로 수증기는 물이 증발해서 된 기체를 말합니다.

> 한자로 수증기(水蒸氣)는 물이 증발해서 된 기체를 말합니다.

뜻	소리	뜻	소리	뜻	소리
물	**수**	찔	**증**	기운	**기**

이처럼 액체가 기체로 변하는 것을 증발(蒸發)이라고 합니다.

3학년 때, 고체와 액체, 기체를 배운 적이 있습니다.
손으로 잡을 수 있는 물질은 고체이고
손으로 잡을 수 없으면 고체가 아니라고 했습니다.

손으로 잡을 수 있는 물질과 잡을 수 없는 물질

물질	물질의 관찰	물질의 상태
나무, 종이	손으로 잡을 수 있다	고체
물, 공기	손으로 잡을 수 없다	고체가 아니다

고체가 아닌 물질 중에서
눈으로 볼 수 있는 물은 액체고
눈으로 볼 수 없는 공기는 기체라고 했습니다.

눈으로 볼 수 있는 물질과 볼 수 없는 물질

물질	물질의 관찰	물질의 상태
물	눈으로 볼 수 있다	액체
공기	눈으로 볼 수 없다	기체

또 액체는
담는 용기에 따라 모양은 변하지만
부피는 변하지 않는 물질의 상태라고 했습니다.

액체(液體) 상태

담는 용기에 따라 모양은 변하지만, 부피는 변하지 않는 물질의 상태

그리고 기체는

담는 용기에 따라 모양이 변하고

그 공간을 가득 채우는 물질의 상태라고 했습니다.

기체(氣體) 상태

담는 용기에 따라 모양이 변하고, 그 공간을 가득 채우는 물질의 상태

증발은 액체가 기체로 변하는 것입니다.

증발(蒸發)에서

증(蒸)은 찐다는 뜻으로, '찔 증'이고

발(發)은 보낸다는 뜻이며, '쏠 발'입니다.

그러므로 증발(蒸發)은 물을 쪄서 내보낸다는 뜻입니다.

보통 액체가 기체로 변하는 것을 증발했다고 합니다.

한자로 증발(蒸發)은 <u>액체가 기체로 변하는 것</u>을 뜻합니다.

증발(蒸發)을 한자로 쓰고 소리를 내어 읽어 봅시다.

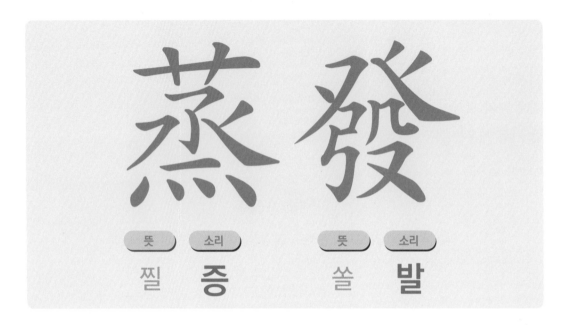

뜻	소리	뜻	소리
찔	증	쏠	발

 교과서에서 살펴보기

교과서에서는
물의 증발(蒸發)을 공부합니다.

방바닥에 물을 조금 떨어뜨렸는데
시간이 지나고 그 물방울이 사라졌다면
그 물방울은 어디로 갔을까요?
아마 그 물은 공기 중으로 증발했을 것입니다.

옷에 물이 조금 묻었는데
시간이 지나고 모두 감쪽같이 말랐다면
그 물도 공기 중으로 증발했을 것입니다.

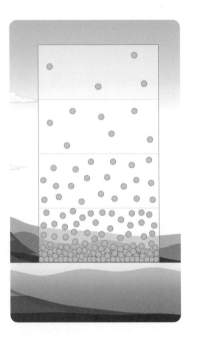

시원한 바람에 **땀**을 말릴 때
그 땀도 공기 중으로 증발했을 것입니다.

젖은 머리카락의 물이
시간이 지나고 모두 감쪽같이 말랐다면
그 물도 공기 중으로 증발했겠죠?

생활 속에서 볼 수 있는 증발의 예

햇빛에 빨래 말리기

햇빛에 오징어 말리기

햇빛에 고추 말리기

 문제를 풀면서 알아보기

✏ 다음 □ 안에 알맞은 답을 써 보세요.

ㅇ 물이 증발해서 된 기체를 ☐☐☐ (水蒸氣)라고 한다.

✏ 한자로 蒸發이라고 쓰며, '액체가 기체로 변하는 것'을 뜻합니다. □ 안에 알맞은 답을 써 보세요.

ㅇ 액체가 기체로 변하는 것을 ☐☐ 이라고 한다.

✏ 다음 중 증발의 예가 아닌 것은 무엇인가요? (   )

① 시원한 바람에 얼굴의 땀이 말랐다.

② 햇빛에 건조대의 빨래가 말랐다.

③ 햇빛에 널어둔 고추가 말랐다.

④ 비커에 물을 끓였더니 빨리 줄어들었다.

 한자를 읽고 쓰기 연습을 해 보세요.

蒸 찔 증

증(蒸)은 찐다는 뜻을 지니고 있습니다.

蒸	蒸	蒸	蒸	蒸	蒸

蒸								

發 쏠 발

발(發)은 보낸다는 뜻을 지니고 있습니다.

發	發	發	發	發

發								

4학년 2학기

응결
凝結

 무슨 뜻인가요?

엉기다라는 말을 들어 보셨나요?

'나한테 엉기지 마라.'

'여러 명의 친구가 엉겨서 싸우고 있다'에 사용하는 말입니다.

'서로 달라붙어 하나가 되는 것'을 한자로 응결(凝結)이라고 합니다.

서로 엉기니까
응결이 되는구나!

 한자로 배워 봐요!

응결(凝結)에서

응(凝)은 뭉치다의 뜻이고, '엉길 응'입니다.

결(結)은 맺힌다는 뜻이며, '맺을 결'입니다.

그러므로 응결(凝結)은 수증기가 뭉쳐 물방울로 맺히는 것을 뜻합니다.

> 한자로 응결(凝結)은 수증기가 뭉쳐 물방울로 맺히는 것을 말합니다.

응결(凝結)을 한자로 쓰고 소리를 내어 읽어 봅시다.

 교과서에서 살펴보기

교과서에서는

우리 주변에서 볼 수 있는 응결의 예를 찾는 공부를 합니다.

앞에서 수증기(水蒸氣)에 대해 공부했었죠?

수증기는 물이 증발해서 기체가 된 것이라고 했습니다.

그리고 눈에는 보이지 않을 뿐 공기 중에 있다고 했죠.

목욕탕에 들어가거나, 비가 온 후 수증기가 많은 날

우리 몸은 꿉꿉함을 느낍니다.

이런 느낌은

우리 눈에 보이지는 않지만 주위에 수증기가 많이 있기 때문입니다.

공기 중에 있는 수증기는 차가운 물체를 만나면 다시 물방울로 변하는 특징을 지니고 있습니다.

수증기는 차가운 물체를 만나면 응결(凝結)되어 다시 물이 됩니다.

우리 주변에서 볼 수 있는 응결의 예는 다음과 같습니다.

냉장고에서 차가워진
토마토를 밖으로 꺼내 놓았을 때
표면에 맺힌 물방울

냉장고에서 차가워진 음료수를
밖으로 꺼내 놓았을 때
표면에 맺힌 물방울

차가운 물컵
표면에 맺힌 물방울

안경이 따뜻한 공기를 만나면 김이 생기죠?
안경에 맺힌 물방울도 응결입니다.

냄비에 물을 끓이면 뚜껑에 물방울이 맺히는데 이것도 응결입니다.

욕실 거울에 물방울이 맺힌 것을 본 적이 있죠?
직접 물을 뿌리지 않았다면 이것도 응결입니다.

비가 온 것도 아닌데, 아침에 보니
밤새 차가워진 식물의 잎이나 거미줄에 물방울이 맺혀 있다면
이것도 응결입니다. 이것을 우리는 이슬이라고 합니다.
그러니까 이슬도 응결입니다.

하늘에 떠 있는 구름도 수증기가 뭉쳐 만들어진 물방울입니다.
구름도 응결이고, 구름이 땅으로 내려온 안개도 응결입니다.

우리 주변에서 볼 수 있는 응결

안개

구름

이슬

냄비에 맺힌 물방울

문제를 풀면서 알아보기

✎ 한자로 凝結이라고 쓰며, '수증기가 뭉쳐 물방울이 되는 것'을 뜻하는 낱말은 무엇일까요?

✎ 다음 중 응결이면 ○표, 응결이 아니면 X표 하세요.

차가워진 방울토마토
표면에 맺힌 물방울

설거지 후 싱크대
표면에 맺힌 물방울

차가운 물 컵 표면에
맺힌 물방울

구름

흐르는 냇물

이슬

한자를 읽고 쓰기 연습을 해 보세요.

凝 엉길 응

응(凝)은 뭉치다의 뜻을 지니고 있습니다.

凝	凝	凝	凝	凝	凝

凝							

結 맺을 결

결(結)은 맺힌다는 뜻을 지니고 있습니다.

結	結	結

結							

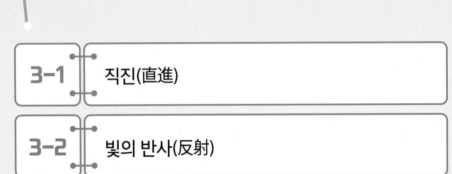

3-1	직진(直進)

3-2	빛의 반사(反射)

내 그림자가 어떤 모양이니?

3 그림자와 거울

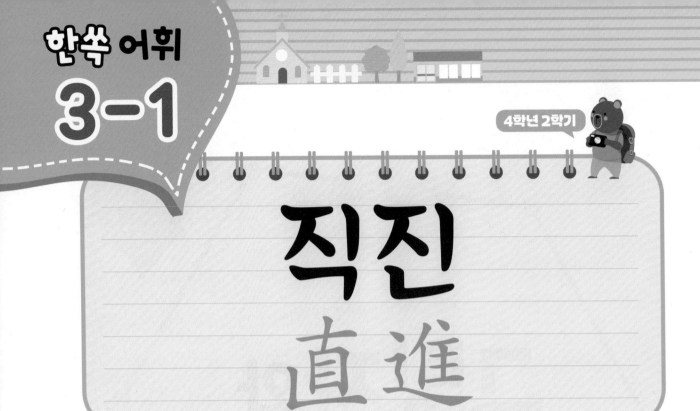

직진
直進

🧪 무슨 뜻인가요?

곧게 뻗은 선을
직선이라고 합니다.

직선(直線) ─────────────

한자로 직(直)은 '곧을 직'입니다.
구부러지지 않고 곧다는 뜻입니다.
그러므로 직선은 곧은 선입니다.

진로(進路)라는 말은 들어 보셨지요?
진로에서 진(進)은 나아간다는 뜻입니다.
로(路)는 길이라는 뜻으로, '길 로'입니다.
앞으로 어떤 길로 나아갈 것인가의 뜻이 담겨 있습니다.
다시 말하면 어떤 직업을 갖고 싶은가의 뜻이 담긴 말입니다.

'곧게 나아가는 것'을 한자로 直進(직진)이라고 합니다.

직진(直進)에서
직(直)은 곧다라는 뜻이고, '곧을 직'입니다.
진(進)은 나아간다는 뜻이며, '나아갈 진'입니다.

그러므로 직진(直進)은 곧게 나아간다는 뜻입니다.

> 한자로 직진(直進)은 곧게 나아간다는 뜻입니다.

직진(直進)을 한자로 쓰고 소리를 내어 읽어 봅시다.

뜻	소리	뜻	소리
곧을	직	나아갈	진

교과서에서는 빛의 직진(直進)을 공부합니다.

여러 가지 실험을 통해서 빛이 곧게 나아가는 것을 확인합니다.

예를 들어 이런 실험을 해 볼 수 있습니다.

스크린과 손전등을 준비하고 주변을 좀 어둡게 합니다.

손전등을 스크린에 비추면 손전등 모양에 따라 밝은 빛이 보입니다.

보통 손전등은 동그란 모양인데

동그란 손전등을 비추면 동그란 모양의 빛이 보입니다.

이 실험만으로도 빛이 곧게 나아간다는 것을 알 수 있습니다.

스크린과 손전등 사이에 물체를 두고 빛을 비추면

물체의 모양과 같은 모양의 그림자가 생기는 것을 볼 수 있습니다.

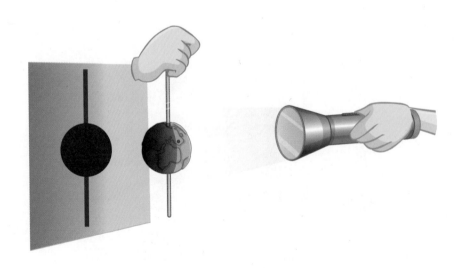

이 실험을 통해

빛이 직진(直進)한다는 것을 알 수 있습니다.

왜냐하면 빛이 직진하지 않고 살짝 피해서 구부러져 가면
물체는 빛을 막을 수 없습니다.

물체가 빛을 막아서
같은 모양의 그림자가 생긴 것입니다.
그래서 물체의 모양과 그림자의 모양이 같습니다.

빛이 물체를 돌아가 버리면
그림자도 생기지 않습니다.

이 밖에도 빛이 직진(直進 : 곧게 나아감)하는 것을 알 수 있는 예는 많이 있습니다.
어두운 밤하늘에 밝은 전등을 비춰 보면 빛이 직진(直進)하는 것을 직접 볼 수 있습니다.

학교에서 학예회를 할 때
천정에서 쏘는 조명 빛을 봐도 빛이 직진(直進)하는 것을 알 수 있습니다.
레이저 쇼에서의 빛도 곧게 나아갑니다.
숲속에서 볼 수 있는 햇살과 등대의 불빛도 빛이 직진하고 있다는 것을 알 수 있게 해 줍니다.

빛이 직진(直進 : 곧게 나아감)하는 것을 알 수 있는 예

| 공연장의 조명 | 레이저 쇼의 빛 | 숲의 햇살 | 등대의 불빛 |

문제를 풀면서 알아보기

✏ 한자로 直進이라고 쓰며, '곧게 나아간다'를 뜻하는 낱말은 무엇일까요?

✏ 다음 □ 안에 알맞은 답을 써 보세요.

> 빛이 곧게 나아가는 성질을 **빛의** □ □ 이라고 한다.

✏ 다음 중 빛의 직진을 알 수 있는 예가 아닌 것은 무엇인가요? (   )

① 레이저 쇼의 빛　　　　② 공연장의 조명 빛

③ 등대의 불빛　　　　　④ 보석의 빛

✏ 다음 빛의 직진 실험에서 예상되는 그림자를 스크린에 그려 보세요.

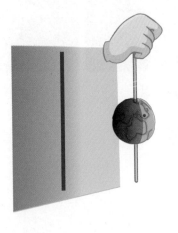

 **한자를 써 봐요!** 한자를 읽고 쓰기 연습을 해 보세요.

直

곧을 **직**

직(直)은 곧다라는 뜻을 지니고 있습니다.

直	直	直					
直							

進

나아갈 **진**

진(進)은 나아간다는 뜻을 지니고 있습니다.

進	進	進	進				
進							

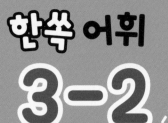

빛의 반사

反射

무슨 뜻인가요?

3학년 때 소리의 반사를 공부했습니다.

산에서 메아리 소리를 들을 수 있는 것은 소리의 반사 때문이라고 했죠?

'다시 돌아오는 것'을 한자로 反射(반사)라고 합니다.

반사(反射)에서

반(反)은 돌아온다는 뜻으로 '돌아올 반'입니다.

사(射)는 쏜다는 뜻으로 '쏠 사'입니다.

그러므로 반사(反射)는 쏜 후에 다시 돌아오는 것을 말합니다.

> 한자로 반사(反射)는 쏜 후에 다시 돌아오는 것을 말합니다.

반사(反射)를 한자로 쓰고 소리를 내어 읽어 봅시다.

뜻	소리	뜻	소리
돌아올	반	쏠	사

 교과서에서 살펴보기

교과서에서는
빛의 반사(反射)를 공부합니다.

여러 가지 실험을 통해 빛이 거울에 반사되어 되돌아오는 것을 관찰합니다.
실험은 손전등과 거울을 이용해서 합니다.

거울에서의 빛의 반사를 알아보는 실험은 매우 간단합니다.
거울에 빛을 비춘 후 거울에 반사하는 모습을 관찰하면 됩니다.
검은색 테이프를 이용해서 손전등의 빛이 가늘게 나오도록 하면 좋습니다.
또 어두운 곳에서 실험해 보면 더 좋습니다.

> **빛의 반사**
> 거울에 쏜 빛이 반사되어
> 되돌아오는 모습

또 빛의 쏘는 방향과 거울의 방향을 이리저리 바꾸어 보면
여러 가지 각도로 빛이 반사되는 것을 볼 수 있습니다.
또 여러 개의 거울을 이용하면
거울에 반사된 빛을 다시 반사시킬 수도 있습니다.

빛이 직진(直進)하다 거울이나 물체에 부딪쳐 방향이 바뀌는 성질을 빛의 반사(反射)라고 합니다.

> **빛의 반사(反射)**
> 빛이 나아가다 거울에 부딪혀 방향이 바뀌는 성질

교과서에서는 또

우리 생활에서 거울이 빛을 반사하는 성질을 이용하는 예를 공부합니다.

옷 가게에서 내 모습을 볼 수 있는 것도, 내 모습이 거울에 반사되었기 때문입니다.

자동차 운전을 하는 사람이 거울을 통해 차의 뒤를 볼 수 있습니다.

무용실에서 무용 연습을 할 때도 거울의 반사를 이용합니다.

치과에서는 작은 치과용 거울을 이용해서 입 안에 있는 이들을 살펴봅니다.

미용실에서 큰 거울과 작은 손거울 두 개를 잘 이용하면 자신의 뒷머리도 볼 수 있습니다.

우리 생활에서 거울이 빛을 반사하는 성질을 이용하는 예

옷 가게의 거울

승강기 안의 거울

뒤를 볼 수 있는 자동차 거울

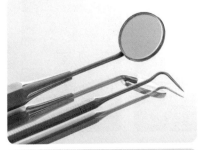
치과용 거울

문제를 풀면서 알아보기

✎ 다음 □ 안에 알맞은 답을 써 보세요.

빛이 나아가다 거울에 부딪혀 방향이 바뀌는 성질을 **빛의** □□ 라고 한다.

✎ 다음 중 빛의 반사에 관한 내용이 맞으면 ○표, 아니면 X표 하세요.

자동차 거울

승강기 안의 거울

레이저 쇼의 빛

등대의 빛

 **한자를 써 봐요!** 한자를 읽고 쓰기 연습을 해 보세요.

反

돌아올 **반**

반(反)은 돌아온다는 뜻을 지니고 있습니다.

反	反	反					
反							

射

쏠 **사**

사(射)는 쏜다는 뜻을 지니고 있습니다.

射	射	射	射				
射							

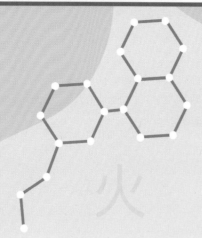

4

화산과 지진

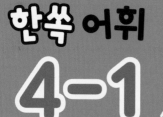

화산, 분출물
火山, 噴出物

무슨 뜻인가요?

3학년 때
지구 표면을 공부한 적이 있습니다.

지구의 표면에는 들도 있고, 산도 있고, 바다도 있고, 사막도 있습니다.

| 지구의 들 | 지구의 산 | 지구의 바다 | 지구의 사막 |

그럼
지구 표면 말고
지구의 안은 어떤 모습일까요?

지구의 모습을 상상해서 그린 오른쪽 그림을 살펴보세요.
지구의 몸속은 거대한 불덩어리라고 할 수 있습니다.

그래서
땅속을 계속 파 내려가면
점점 뜨거운 불덩어리를 만날 수 있습니다.

믿기 힘들겠지만
땅속 깊은 곳에서는
암석들이 뜨거운 열에 녹아서 액체가 되어 있습니다.
바위들이 녹아서 펄펄 끓고 있다는 것이 상상되시나요?

이것을 마그마라고 합니다.

그러니까 우리가 사는 지구 표면의 안쪽에는 마그마가 있습니다.

이 마그마가 땅의 약한 곳을 뚫고 뿜어져 나오는 것을
우리는 화산이라 합니다.

아래의 그림은 화산(火山) 활동 모습입니다.

1. 화산

화산(火山)에서
화(火)는 '불 화'이고
산(山)은 산을 뜻하고, '뫼 산'입니다.

그러므로 화산(火山)은 '불산'이라 할 수 있습니다.

화산은 뜨거운 마그마가 땅을 뚫고 뿜어져 나오는 모습을 말합니다.

화산 활동을 통해 새로운 산이 만들어지기도 하고, 산의 모양이 바뀌기도 합니다.

> 한자로 화산(火山)은 불산이며, 마그마가 뿜어져 나오는 모습을 말합니다.

한자 화산(火山)을 쓰고 소리를 내어 읽어 봅시다.

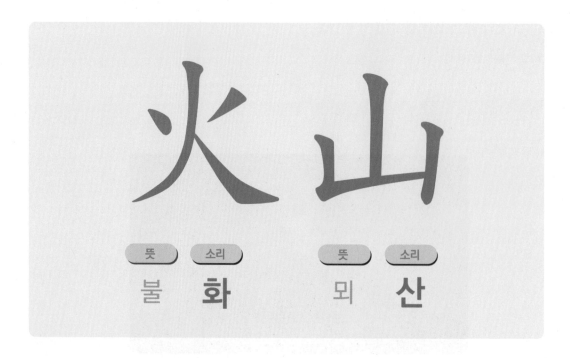

뜻 소리   뜻 소리
불 **화**   뫼 **산**

2. 분출

화산은 마그마가 땅속에서 뿜어져 나오는 것을 말한다고 했습니다.
이렇게 뿜어져 나오는 것을 한자로 분출(噴出)이라고 합니다.

분출(噴出)에서
분(噴)은 '뿜을 분'이고
출(出)은 나온다는 뜻으로, '날 출'입니다.

그러므로 분출(噴出)은 뿜어져 나오는 모습을 말합니다.

한자로 분출(噴出)은 뿜어져 나오는 것을 말합니다.

한자 분출(噴出)을 쓰고 소리를 내어 읽어 봅시다.

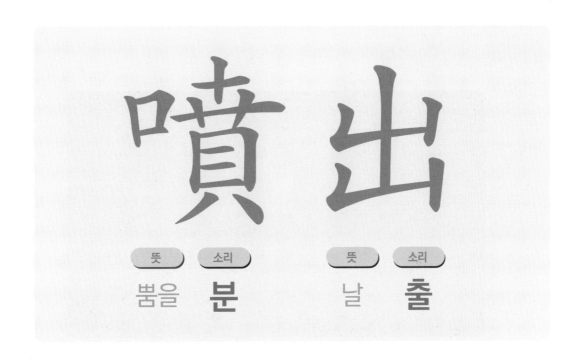

교과서에서는
화산 분출 모형실험을 합니다.

화산이 분출하면 마그마가 흘러나옵니다.
마그마가 지표 밖으로 나와 흘러내리면
이제 용암이라고 부릅니다.

화산이 분출할 때 함께 나오는 여러 가지 분출물을 공부합니다.

화산이 분출할 때는
용암만 흘러나오는 것이 아닙니다.

화산이 분출하면
기체 상태의 가스가 함께 나옵니다.
또 화산 암석 조각들도 함께 나옵니다.
그리고 화산재들도 함께 나옵니다.

이처럼 화산이 분출할 때 함께 나오는 물질을, 화산 분출물이라 합니다.

噴　　　出　　　物
뿜을 분　　날 출　　만물 물

대표적인 화산 분출물은 용암입니다.
용암은 땅속에 있던 마그마가 지구 표면으로 흘러나오는 것입니다.
용암은 검붉은색으로 매우 뜨겁습니다.

용암과 함께 화산가스가 분출됩니다.
화산가스는 여러 가지 기체가 섞여 있습니다.
화산가스는 회색이며 구름처럼 보이기도 합니다.

화산가스와 함께 화산 암석 조각이 분출됩니다.
화산 암석은 짙은 갈색 등이며 여러 가지 크기와 모양을 지니고 있습니다.

화산 암석과 함께 화산재도 분출됩니다.
화산재는 화산 암석과 함께 고체 물질입니다.
화산재는 아주 작은 알갱이로 바람에 쉽게 날립니다.

여러 가지 화산 분출물

| 용암 | 화산 암석 | 화산재 | 화산 가스 |

문제를 풀면서 알아보기

✎ 한자로 火山이라고 쓰며, '불산이며, 마그마가 뿜어져 나오는 모습'을 뜻하는 낱말은 무엇일까요?

⎯⎯⎯⎯⎯⎯⎯⎯⎯⎯⎯⎯⎯⎯⎯⎯⎯⎯⎯⎯⎯⎯⎯⎯⎯⎯⎯⎯⎯⎯⎯

✎ 한자로 噴出이라고 쓰며, '뿜어져 나오는 것'을 뜻하는 말은 무엇일까요?

⎯⎯⎯⎯⎯⎯⎯⎯⎯⎯⎯⎯⎯⎯⎯⎯⎯⎯⎯⎯⎯⎯⎯⎯⎯⎯⎯⎯⎯⎯⎯

✎ 다음은 화산 분출물에 대한 설명입니다. 관련된 것끼리 줄을 이어 보세요.

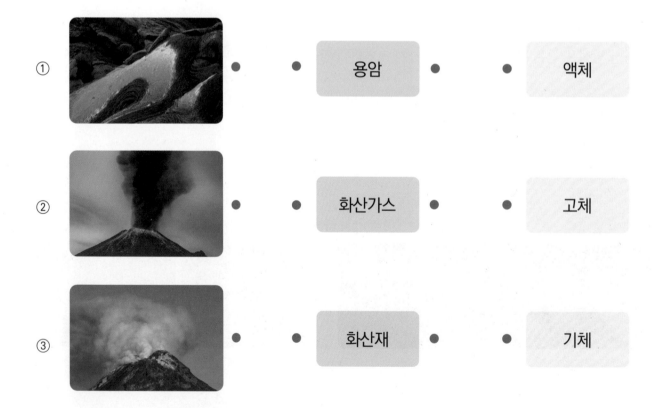

한자 어휘 학습으로 쏙쏙 개념 익히기 한쏙과학

한자를 읽고 쓰기 연습을 해 보세요.

火 불 **화**

화(火)는 불을 뜻합니다.

火	火	火					
火							

山 뫼 **산**

산(山)은 산을 뜻합니다.

山	山	山					
山							

噴 뿜을 **분**

분(噴)은 뿜는다는 뜻을 지니고 있습니다.

噴	噴	噴	噴	噴				
噴								

出 날 **출**

출(出)은 나온다는 뜻을 지니고 있습니다.

出	出	出						
出								

物

만물 **물**

물(物)은 물건을 뜻하고 특히 살아 있는 모든 만물을 뜻합니다.

物	物	物	物			
物						

지진
地震

 무슨 뜻인가요?

1학기 때 지층을 공부한 적이 있습니다.

지층을 공부하면서

지층 중에는 끊어진 지층이 있다는 것을 알 수 있었죠?

끊어진 지층

 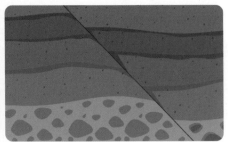

지층이 끊어지는 경우가 있습니다.

거대한 지층이 끊어지면 엄청난 충격이 있겠죠?

지층이 끊어지면 그 주변의 땅이 크게 흔들립니다.

지층이 끊어지면서 땅이 흔들리는 것을

한자로 地震(지진)이라고 합니다.

한자로 배워 봐요!

지진(地震)에서
지(地)는 '땅 지'입니다.
진(震)은 흔들린다는 뜻으로, '벼락 진'입니다.

지진이 일어나면 땅에 벼락이 치는 느낌일까요?

한자로 지진(地震)은 <u>땅이 흔들리는 것</u>을 말합니다.

한자 지진(地震)을 쓰고 소리를 내어 읽어 봅시다.

뜻 소리   뜻 소리
땅 **지**   벼락 **진**

교과서에서는
지진 발생 모형실험을 합니다.

그리고 교과서에서는
지진이 발생하는 과정을 공부합니다.

지진이 발생하는 과정

지층이 힘을 받는다.

지층이 휘어진다.

지층이 끊어져
지진이 발생한다.

교과서에서는 지진으로 인한 피해와
지진이 발생했을 때 대처 방법을 공부합니다.

지진이 일어나면 집이 흔들리고 건물이 무너지기도 합니다.
지진이 일어나면 도로가 갈라지기도 하고
산사태가 발생하기도 합니다.

지진이 발생했을 때 안전하게 대처하는 방법은
장소와 상황에 따라 다릅니다.
상황에 다른 행동 요령은 다음과 같습니다.

지진 발생 시 상황별 행동 요령

지진으로 흔들릴 때는?

지진으로 흔들리는 동안에는 **탁자 아래로 들어가** 몸을 보호하고, 탁자 다리를 꼭 잡습니다.

흔들림이 멈췄을 때는?

흔들림이 멈추면 **전기와 가스를 차단**하고, 문을 열어 **출구를 확보**합니다.

건물 밖으로 나갈 때는?

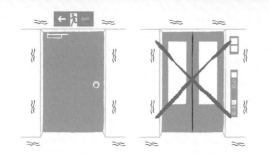

건물 밖으로 나갈 때는 **계단을 이용**하여 신속하게 이동합니다.(엘레베이터 사용 금지)

건물 밖으로 나왔을 때는?

건물 밖에서는 가방이나 손으로 **머리를 보호**하며, 건물과 거리를 두고 주위를 살피며 대피합니다.

문제를 풀면서 알아보기

✏️ 한자로 地震이라고 쓰며, '땅이 흔들리는 것'을 뜻하는 말은 무엇일까요?

✏️ 다음은 지진이 발생하는 과정에 대한 설명입니다. 지진이 발생하는 과정에서 그 순서를 □안에 숫자로 적어 보세요.

	지층이 힘을 받는다.	□

	지층이 끊어져 지진이 발생한다.	□

	지층이 휘어진다.	□

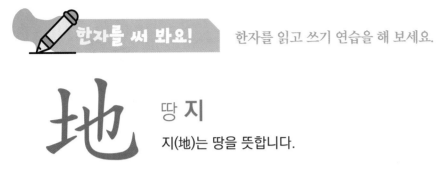

한자를 읽고 쓰기 연습을 해 보세요.

地 땅 지

지(地)는 땅을 뜻합니다.

地	地	地	地				
地							

震 벼락 진

진(震)은 흔들린다는 뜻을 지니고 있습니다.

震	震	震	震	震			
震							

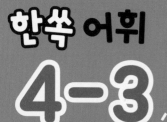

화성암, 화강암, 현무암

火成巖, 花崗巖, 玄武巖

 무슨 뜻인가요?

마그마가 땅의 약한 곳을 뚫고 뿜어져 나오는 것이 '화산(火山)'입니다.

화산 활동이 멈추면 마그마는 점점 식어 바위로 변합니다.

이때 화산 활동으로 만들어지는 이 암석을 火成巖(화성암)이라고 합니다.

화성암은 여러 종류가 있습니다.

그중 가장 대표적인 암석은 화강암과 현무암입니다.

먼저 화강암에 대해 알아볼까요?

화강암에서 화(花)는 한자로 '꽃 화'입니다.

돌에 '꽃 화'를 넣어 이름 지은 걸 보면

그만큼 화강암은 예쁜 바위임을 알 수 있습니다.

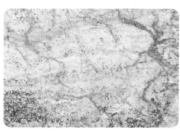 

화강암의 여러 모습

왼쪽 사진은 가까이에서 본 화강암 모습입니다.

사진으로 잘 드러나지는 않지만

유리처럼 반짝이는 것들도 있고

흰색과 검은색 그리고 여러 가지 색이 있어

매우 아름답다고 표현할 수 있습니다.

오른쪽 사진은 멋진 바위로 언덕을 이룬 모습입니다.

이런 멋진 바위 언덕도 매우 아름다운 풍경입니다.

이런 아름다움 때문인지

화강암은, 꽃처럼 아름다운 바위 언덕이라는 뜻이 담겨 있습니다.

다음은 현무암에 대해 알아볼까요?

현무암에서 현(玄)은 한자로 '검을 현'입니다.

현무암은 색깔이 검은색이어서 붙여진 이름입니다.

제주도의 검은색 현무암

 한자로 배워 봐요!

1. 화강암

화강암(花崗巖)에서
화(花)는 '불 화'가 아니고, '꽃 화'입니다.
강(崗)은 산봉우리를 뜻하고 '언덕 강'입니다.
암(巖)은 '바위 암'이죠.

그러므로 화강암은 꽃처럼 아름다운 산봉우리 바위를 말합니다.

> 한자로 화강암(花崗巖)은 꽃처럼 아름다운 산봉우리 바위를 말합니다.

한자 화강(花崗)을 쓰고 소리를 내어 읽어 봅시다.

뜻 소리   뜻 소리
꽃 **화**   언덕 **강**

2. 현무암

현무암(玄武巖)에서
현(玄)은 '검을 현'입니다.
무(武)는 굳세다를 뜻하며, '굳셀 무'입니다.
암(巖)은 '바위 암'이죠.

그러므로 현무암은 검은색의 굳센 암석을 말합니다.

한자로 현무암(玄武巖)은 <u>검은색의 굳센 암석</u>을 말합니다.

한자 현무(玄武)를 쓰고 소리를 내어 읽어 봅시다.

교과서에서는
모두 화산 활동으로 만들어진 암석인데
현무암과 화강암이 서로 왜 다른지에 대해 공부합니다.

상상해 볼까요.
땅속에 마그마가 계속 밖으로 나오다 멈추게 되면 어떻게 될까요?

이미 차가운 밖으로 나온 마그마는 빠르게 식으면서 굳고
미처 나오지 못한 마그마는 뜨거운 상태 그대로 땅속에서 천천히 굳습니다.

밖에서 빠르게 식어 굳어진 암석이 현무암이고
땅속에서 천천히 식어 굳어진 암석이 화강암입니다.
그런 차이가 있습니다.
현무암과 화강암이 만들어지는 장소를 그림으로 나타내면 다음과 같습니다.

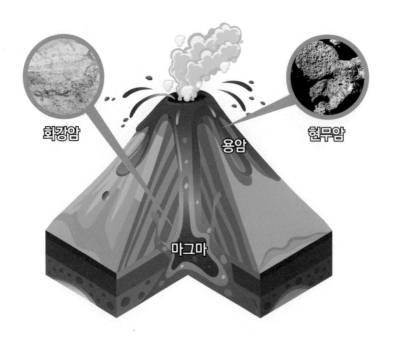

그리고 현무암과 화강암을 관찰하는 공부를 합니다.

암석을 관찰할 때는, 색깔과 알갱이의 크기를 주로 관찰합니다.
화강암은 알갱이의 크기가 작고, 현무암은 알갱이의 크기가 큽니다.

현무암과 화강암 비교

암석 이름	현무암	화강암
만들어진 장소	땅 위로 분출한 후	땅속 깊은 곳에서
알갱이의 크기	크다	작다
색깔	어둡다	밝다

 문제를 풀면서 알아보기

✏ 다음 □ 안에 알맞은 말을 써 보세요.

○ 한자로 火成巖이라고 쓰며, '화산 활동으로 이루어진
   암석'은 무엇일까요?

   □□□

○ 한자로 花崗巖이라고 쓰며, '꽃처럼 아름다운 산봉우
   리 바위' 의 뜻을 지닌 암석은 무엇일까요?

   □□□

○ 한자로 玄武巖이라고 쓰며 '검은색의 굳센 바위'를
   뜻하는 암석은 무엇일까요?

   □□□

✏️ 다음 중 현무암에 대한 설명이 맞는 것은 무엇인가요? (   )

① 마그마가 땅속 깊은 곳에서 식어 만들어졌다.

② 알갱이의 크기가 크다.

③ 색깔이 밝은색이다.

④ 한자에 꽃을 뜻하는 말이 들어 있다.

✏️ 다음은 화성암을 대표하는 두 가지 암석입니다. 이 중 알갱이 크기가 더 작은 암석을 찾아, □ 안에 〈 또는 〉로 표시하세요.

花

꽃 화

화(花)는 꽃을 뜻합니다.

花	花	花	花				
花							

崗

언덕 강

강(崗)은 산봉우리를 뜻합니다.

崗	崗	崗	崗	崗			
崗							

玄

검을 현

현(玄)은 검은색을 뜻합니다.

玄	玄	玄					
玄							

武

굳셀 무

무(武)는 굳세다는 뜻을 지니고 있습니다.

武	武	武	武				
武							

문제를 풀면서 알아보기
정답 ✏️

4학년 1학기

1. 지층과 화석

17~18쪽 1. 지층 2. ①, ③, ②

23~24쪽 1. 퇴적 2. ①, ②, ③, ④

32쪽 1. ⊃⊂ (연결선)

2. 역암, 사암, 이암

40쪽 1. 화석 2. 침식 3. ④

2. 식물의 한살이

48쪽 1. 조건 2. (연결선)

3. ④

54쪽 1. 변화 2. ② 3. 꽃, 꼬투리(열매), 씨

3. 물체의 무게

62쪽 1. 수평 2. 지우개, 가위, 풀 3. 풀

68쪽 1. 3 2. 늘어난다.

4. 혼합물의 분리

76쪽 1. 혼합물 2. ○, ○, ×, ○

84쪽 1. 분리 2. (연결선)

4학년 2학기

1. 식물의 생활

95쪽 1. 수생 식물 2. (연결선)

2. 물의 상태 변화

106쪽 1. 수증기 2. 증발 3. ④

112쪽 1. 응결 2. ○, ×, ○,

○, ×, ○

3. 그림자와 거울

120쪽 1. 직진 2. 직진 3. ④

4.

126쪽 1. 반사 2. ○, ○, ×, ×

4. 화산과 지진

136쪽 1. 화산 2. 분출 3. ①-용암-액체,

②-화산재-고체, ③-화산가스-기체

144쪽 1. 지진 2. ①, ③, ②

151쪽 1. 화성암, 화강암, 현무암

152쪽 1. ② 2. 〉

MEMO

한자 어휘 학습으로 개념 익히기

한쑥쑥 과학

4학년